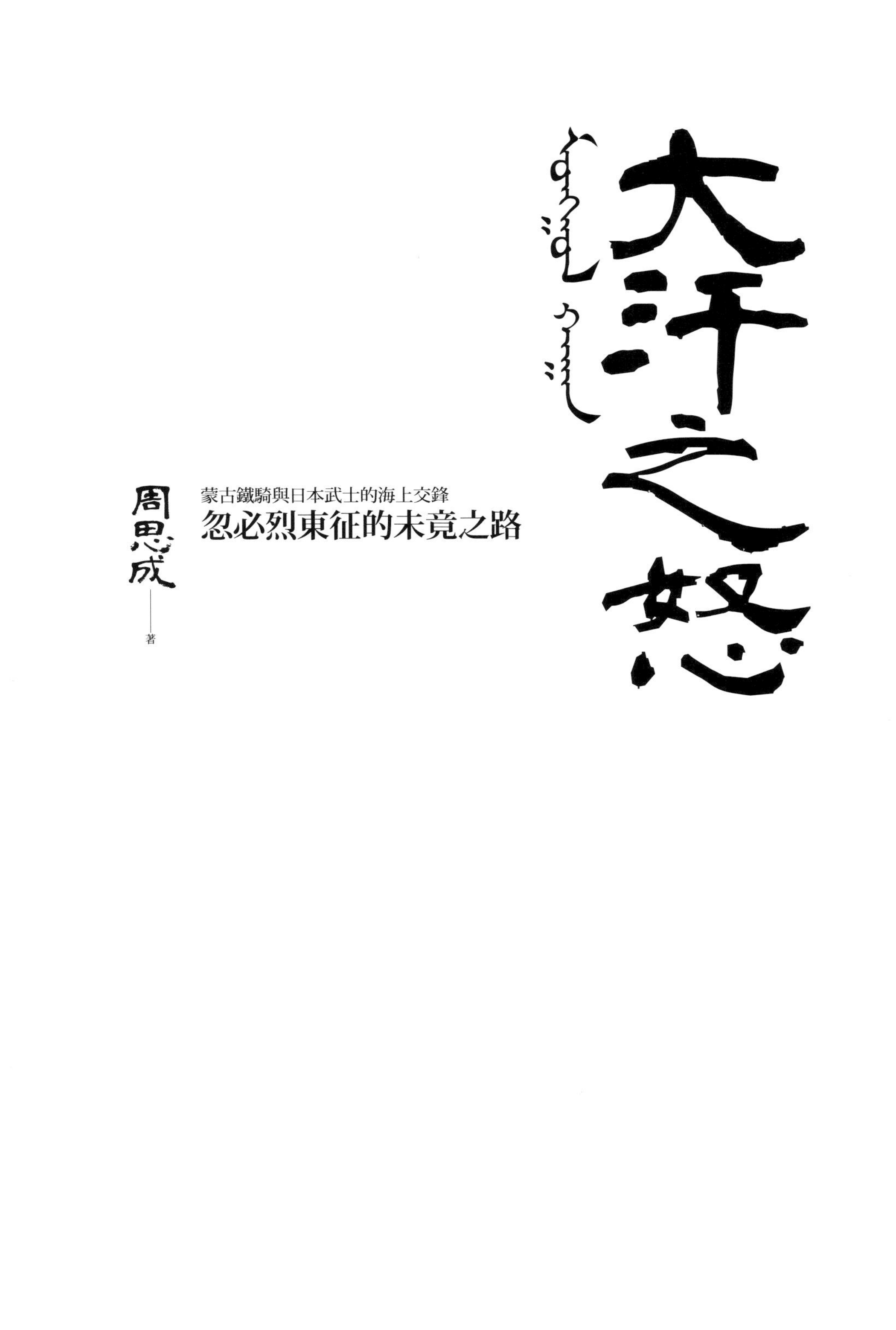

大汗之怒

蒙古鐵騎與日本武士的海上交鋒

忽必烈東征的未竟之路

周思成——著

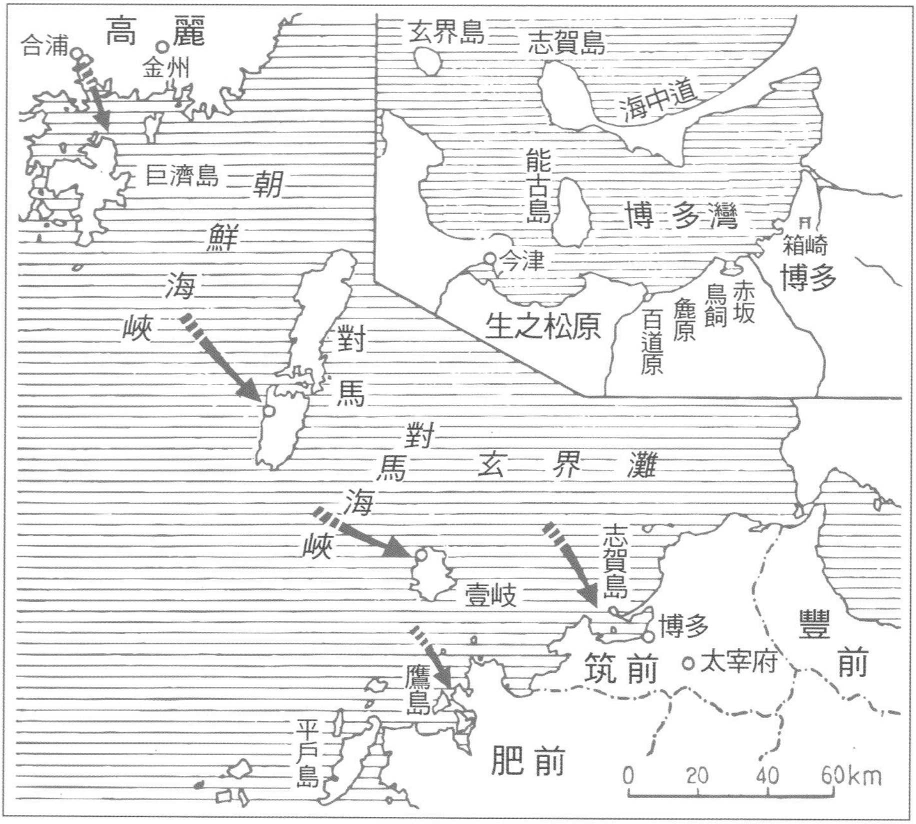

元朝第一次東征戰爭（一二七四年）圖示
（根據田村實造編輯《東洋の歷史7：大モングル帝國》，人物往來社，一九六七年）

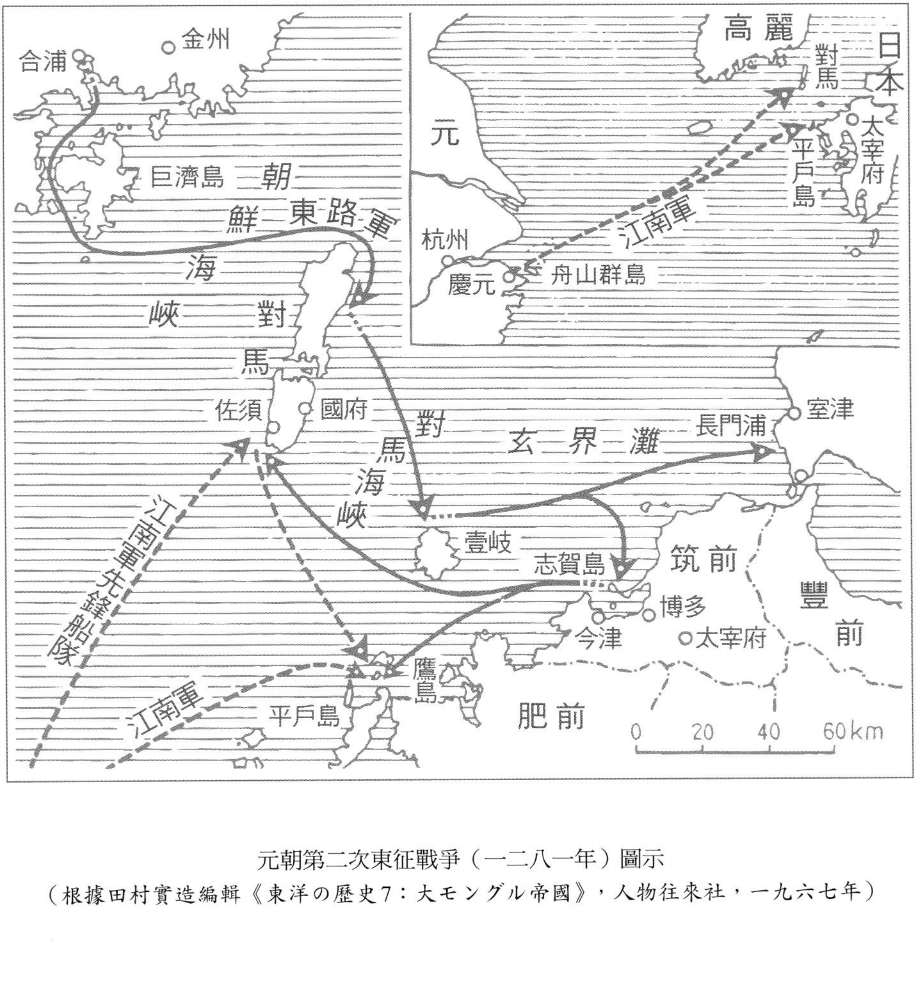

元朝第二次東征戰爭（一二八一年）圖示

（根據田村實造編輯《東洋の歷史7：大モングル帝國》，人物往來社，一九六七年）

鎌倉武士的日常娛樂：笠懸。（《男衾三郎繪詞》）

第二次東征戰爭，竹崎季長登上敵船，將元韓士兵按倒割取首級。（《蒙古襲來繪詞》）

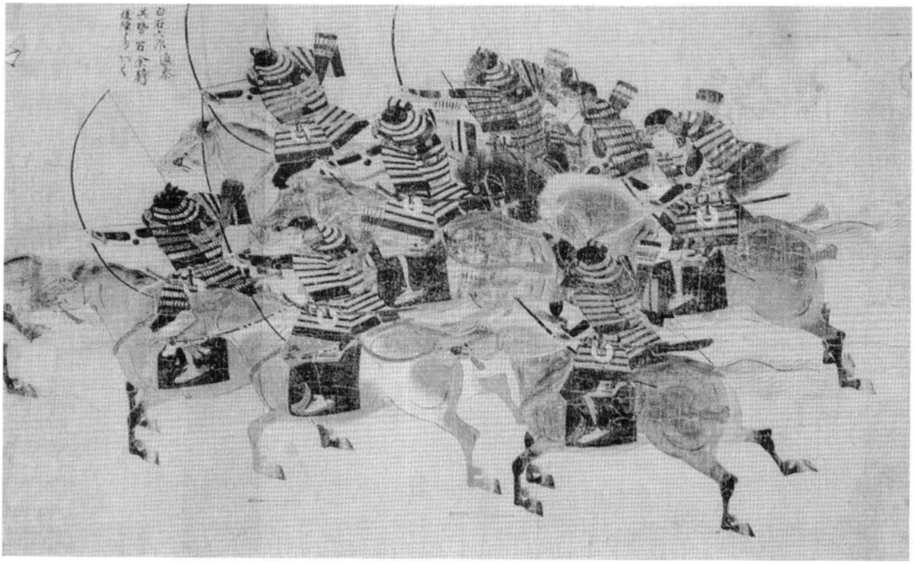

騎馬引馬的鐮倉武士：白石通泰的軍隊。（《蒙古襲來繪詞》）

博多陣中的日本軍前線總指揮少貳景資。(《蒙古襲來繪詞》)

在赤坂列陣的元朝東征軍。（《蒙古襲來繪詞》）

竹崎季長負傷墜馬。（《蒙古襲來繪詞》）

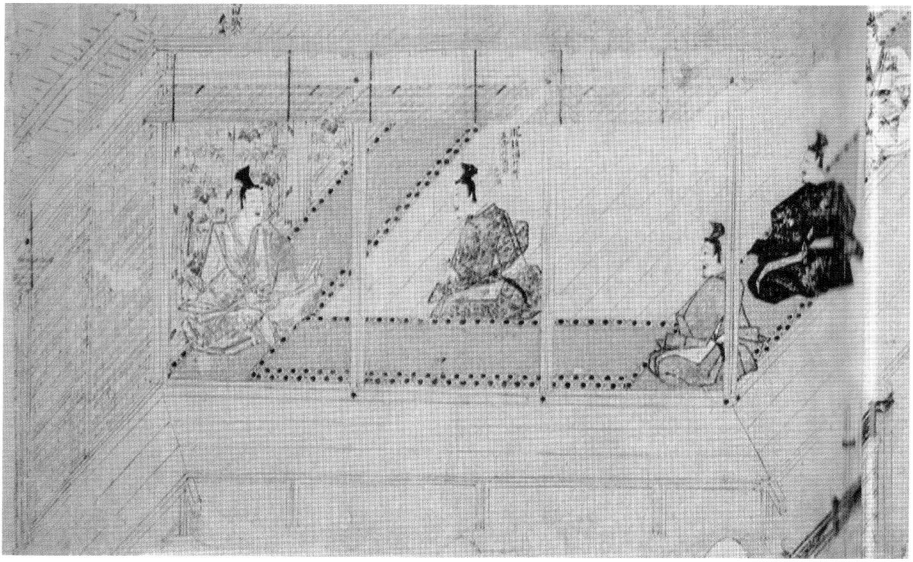

在甘繩的安達府邸，竹崎季長苦苦爭取恩賞。（《蒙古襲來繪詞》）

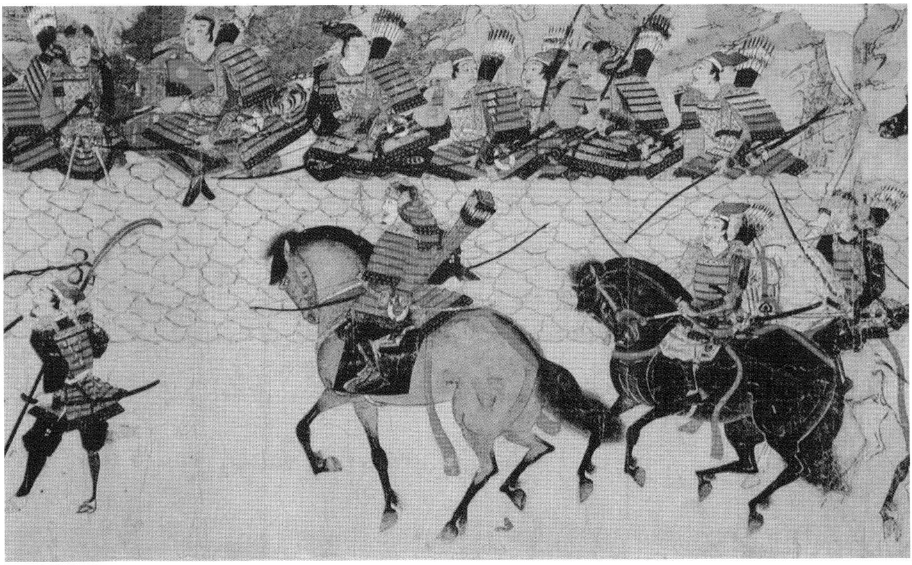

博多灣石筑地後方待命的九州御家人。(《蒙古襲來繪詞》)

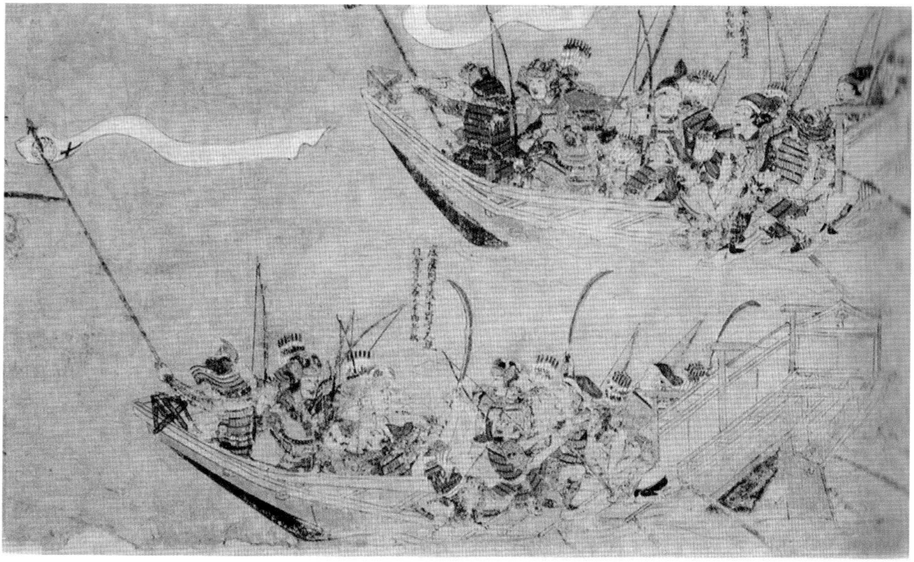

日本軍士兵出發襲擊志賀島的元船營。(《蒙古襲來繪詞》)

在鷹島駐泊的元朝東征軍。（《蒙古襲來繪詞》）

祇園精舍之鐘聲，
奏諸行無常之響。
娑羅雙樹之花色，
顯盛者必衰之理。
驕奢者豈得長久，
彷彿春宵一夢。
強梁者終遭殄滅，
恰如風中之塵。

——《平家物語》

「蓋韃人專求馬蹄實路，又使命臨發草地。
楚材說與大使：你們只恃著大江。
我朝馬蹄所至，天上天上去，海裡海裡去！」

——《黑韃事略》

自序

魯迅回憶，晚清留日的中國學生「因為恨日本，便神往於大元」，常常太息流涕：「那時倘非天幸，這島國早被我們滅掉了！」（《墳．說鬍鬚》）他們說的就是元世祖忽必烈發動的兩次東征日本之役。所謂「天幸」，自然是那場讓無數元朝官兵葬身海底的「神風」。

說到忽必烈東征日本，有兩個問題最能引起我的興趣：第一，元朝未能征服日本，僅僅是因為「天幸」從中作梗，或者說，無非是給「天氣改變歷史」這個冷冰冰的命題提供又一個註腳嗎？這是個史事方面的問題。第二，現代中國的民族主義對元日之戰懷有一種愛恨交織的複雜感情，愛它的原因也許很多：這是一次歷史上不多見的大型對外戰爭，其對象絕非如今地圖上蹤跡全無的什麼南蠻北狄，而是與中國有著千年恩怨糾葛的現代民族國家的前身；這場戰爭還是一次盛大的實力宣示（muscle-flexing），用魯迅的話說，那是「我們」顯得比較闊氣的時代（《且介亭雜文．隨便翻翻》）；艦隊最後沒於風濤，似乎又比垓下的西楚霸王更有理由將失敗歸結為天意，「非戰之罪也！」

恨它的原因卻有些微妙：大概這仗打得虎頭蛇尾，慘澹收場，不甚光彩，又或者因為學界喜歡歸入「征服王朝」、「內亞邊疆帝國」或「多元型帝國」的「大元」，比起傳統的秦漢帝國來，還不夠「我們」？這是個評判方面的問題。

思考歸思考，困惑歸困惑，我實未獲得機緣來一探究竟。直到去歲秋杪，在通讀元初文人王惲的文集時，我偶然遇到了一篇題為《泛海小錄》的文章。王惲大概與親歷第二次東征戰爭的人士有過接觸，這篇短文不足六百字，卻仔細記錄了元朝大軍的途經島嶼和航海里程，讚歎於茫茫大海中央遠眺傳說中的「三神山」，得見「群峰環繞」、「鬱然為碧芙蓉」的奇景，驚訝日本武士多用黃金珠琲裝飾甲冑，「視死不畏」，頌揚本朝官兵孤軍奮戰，「呼聲勇氣，海山震盪」，歎惋這次「出師之盛」遠邁漢唐，離勝利僅一步之遙，最終卻船毀人亡，慘澹收場。這篇日本戰紀，自然不是我首先發現的，我也不是第一次讀到它，但在那一特定的時空中，作者落筆之際的種種情緒起伏，他的好奇心，他的驕傲、惋惜、憂傷，彷彿也感染了我。茲後，我著手系統閱讀相關的史料和論著，希望深入和全面地了解這兩場奇特的戰爭。

搜集和整理元日戰爭的原始資料並加以研究，主要工作是由日本學者完成的。據說，這兩場戰爭是日本近代以前最大規模的「國土保衛戰」，成為日本國民津津樂道的話題，毫不奇怪。若非史料委實太少（用某西方學者的話說，是「surprisingly few」），我疑心，以日本民族的熱情，說不定能夠將之發揚光大成「敦煌學」、「吐魯番學」意義上的什麼「元寇學」或「蒙古襲來學」之類。自十九世紀末迄今，日本出版了大量以「元寇」或「蒙古襲來」為題的學術論文和著作，這些論著又衍生出林林總總的通俗讀物、小說、漫畫和影視劇。遺憾的是，這些日文論著，國內僅有少數大學和公共圖書館入藏，普通讀者不易尋覓。

管見所及，日文論著中當然不乏一些學術價值很高的作品，不過，有的作者受「皇國史觀」的影響，立論偏頗，有的詳於考證，煩瑣曲折。時代愈往後，參差不齊、泥沙俱下的情況也愈明顯。許多晚近問世的作品，不論就史料或就史論言之，與池內宏等前輩學人的舊作相比，罕見超越之處，既未能適時吸收中國學者考訂元日史事的最新成果，更不善於重新發掘和利用元朝一方的記載。這種現象，或許從一個側面說明，「元寇」作為學術話題，在日本已經發展得過分成熟，今人只剩下餖飣補綴的工作可做，否則只有絞盡腦汁，在敘事和表現形式上翻出些花樣。在眾多日文作品中，山口修的《蒙古襲來》（桃源社，一九七九年）考證篤實，敘事曉暢，我推薦給有興趣且能夠閱讀日文的讀者。

中國關於元史、中日關係史和日本中世史的中文出版物和學位論文，多少也涉及元朝兩次東征日本的歷史。不過，這種略存梗概、面目相似的介紹，讀起來總覺大不過癮。臘六丸（李傑）

先生的《忽必烈用兵日本》（作家出版社，二〇一二年），以演義小說筆調鋪敘這段歷史，嬉笑怒罵，雖然有欠嚴謹，還是提供了高麗和日本國內情事的不少細節，大瑜大瑕，不能互掩。在為數不多的學術論著中，王啟宗先生的系列論文對主要史料做了搜集、比次和移譯，烏雲高娃女士詳細梳理了元朝與高麗的關係，王頲先生、于磊先生對元日戰爭相關史事做了補充考訂。本書的寫作尤其得益於王啟宗等前輩學者的專門研究。

不過，迄今出版此一題材的所有作品，仍然沒有一本能夠提供我——作為普通的中國讀者，也作為中國歷史研究者——渴望了解、討論和展現的全部重要問題和細節。「小史」之作，乃是以嚴肅的史學態度，重新考證和發掘相關史料和史事，融會諸家之說，而以己意折中之，並以較為淺近的敘述、悉心斟酌的結構布局，向普通讀者和歷史研究者描繪筆者心目中的元日戰爭圖景。

這本小書與我的博士學位論文同時動筆，也幾乎同時完成，可算我博士論文寫作之餘的娛樂消遣。說起來，我對本書投入的興趣、感情和精力還要多過前者。由此得到的回報也是極豐厚的，在枯燥的論文寫作期間，得以身居「魏闕之下」而思接千載，時時神遊於合浦、對馬、博多和鎌倉的「江海之上」，樂莫大焉。我的博士生指導教師、北京大學歷史學系主任張帆教授，在學位論文尚未見一字的情形下，慨然允許我開闢「第二戰場」，又於百忙之中垂閱全稿。國家圖書館國家古籍保護中心的鄭小悠博士，將我引薦給漢唐陽光的出版人尚紅科先生。他們的鼓勵和指導始終伴隨著我，直至本書完成，感激之情，難以言表。眾多同門和好友，也為我寫作遇到的各類問題答疑解惑，裨益良多，特致謝忱！書中如有疏漏和錯誤，實因筆者學識譾陋所致，懇請讀者批評指正！

周思成

二〇一八年十月十七日於家中

目錄

引子

鼙鼓聲來

一二八一年（元至元十八年，日本弘安四年）農曆六月初的一個午後，日本鎌倉，北條時宗御所。

時已入夏，淅瀝連日的小雨剛剛止歇，從海上吹來微風，裹挾著絲絲涼意，從廊下透入竹簾，直達北條御所的正廳，又同那裡迸發出的陣陣肅殺的樂聲匯流一處，令坐在廳上和廊下的一眾賓客不禁汗毛直豎。

正廳中央，身著紅色狩衣的舞者，戴著一張猙獰的青銅假面，在一群黑衣舞者的簇擁下，踏著鏗鏘的樂聲指麾擊刺。

這場樂舞名為《陵王》，表現的是北齊蘭陵王高長恭的顯赫武功。據說長恭「才武而貌美」，所以臨陣之際常戴著面具殺敵，勇冠三軍，「武士歌之，為蘭陵王入陣曲」。在鎌倉時代，《陵王》是著名的「唐樂」，樂師和舞者，都是專程從京都請來的。很難想像，這場煞費周章安排的表演，只是為了取悅在座的一位中國僧人：建長寺住持無學祖元。

清癯的老和尚，身著素布單衣，彷彿渾然感覺不到讓滿座賓客動容的寒意。隨著陣陣胡笳和金鼓的殺伐之聲，老和尚的思緒早已飄回了五年前，他避難宋國溫州能仁寺的那個初夏。

一二七六年（至元十三年）初，元朝大將伯顏已經兵不血刃地拿下了南宋的國都臨安。傳說，元朝大軍駐紮在江邊等待受降之際，南宋的太皇太后曾向海神祈禱，指望錢塘江大潮把這些北方野蠻人都沖走：「海若有靈，當使波濤大作，一洗而空之。」可惜，潮汐居然比平時晚了三日，「軍馬晏然」（陶宗儀《南村輟耕錄》卷1《浙江潮》）。在當時大多數人看來，大宋的氣運已盡，已經是不爭的事實。

不過，也有不少人並不這樣想。於是，這年春天，元軍只好又大舉南下，消滅浙東與福建等地負隅頑抗的南宋殘餘勢力。大軍橫掃「溫、台、衢、婺、處、明、越及閩中諸郡」，所過殘破。無學祖元寄居的能仁寺，雖僻處雁蕩群山深處，也不可能獨為一方樂郊。

那天，守著山門的小沙彌自山下小鎮的親戚家歸來，驚魂甫定，訴說起連日來的經歷：兩日前，忽然冒出鐵騎數百，在鎮外的石橋附近徘徊。鎮子裡的百姓以為是前線敗退下來的潰軍，不但不害怕，反而扶老攜幼前往觀瞻。然而，日暮時分，鎮上幾個無賴剽悍之徒在巷子口逮住一名陌生面孔的探子，一問之下，才知道外面的軍隊是韃子。第二天，鐵騎從四面八方衝入鎮裡，絕望的百姓或持梃肉搏，或以桌椅攔截街巷，怯懦者自縊梁上，或舉家自焚，一時間，鎮上空煙炎四起。說到這裡，小沙彌結結巴巴補充說：「聽聞大兵不日就要入山搜尋！」

片刻之間，合寺僧侶作鳥獸散。住在後院的祖元和尚是個外來戶，當他做完功課至前殿閒逛時，發現廟裡已經空無一人，後廚也是釜爨狼藉，粒米皆無。和尚既然沒有本地親戚可以投靠藏匿，只好「兀坐堂中」，聽候元朝大兵的處分。

他的「行狀」[1]作者靜照如是描述當時的緊張氣氛：元軍士兵「以刃加頸」，高僧「怡然」不顧，隨口吟誦了一首頌詞，表示直面生死的坦然。這首頌詞後來在日本廣為流傳，被稱為「臨刃頌」：

乾坤無地卓孤笻，喜得人空法亦空。
珍重大元三尺劍，電光影裡斬春風。

和尚又為眾軍士講述佛法，感化他們「悔謝作禮」而去。後來，祖元的徒弟慧廣請了元朝翰林揭傒斯撰寫《佛光禪師塔銘》。在揭翰林的筆下，這段故事被渲染得更富傳奇色彩：「天兵忽臨，白刃交師頸，師堅坐說法不顧，眾斂兵作禮而去」。

祖元和尚十分幸運，因為蒙古帝國的軍隊絕非總是如此彬彬有禮。他們在中亞城市的屠殺，讓志費尼這樣的史學家連連感嘆：傳聞簡直無法相信，所以數字也不敢記下來。志費尼和宏達迷爾還說，成吉思汗軍隊在攻陷中亞城市忒耳迷（今烏茲別克斯坦帖爾米茲）後，抓住一位老婦人，老人哭喊著對士兵討饒：「軍爺饒命，小人有一顆大珍珠獻上！」當士兵索要珍珠的時候，她說：「珠子被小人吞下肚了。」蒙古兵剖開老婦的肚子，果然找出了好幾顆珍珠。結果，蒙古兵只要見到屍體和俘虜，就下手剖腹取珠（志費尼《世界征服者史》）。[2]

那天的情況，有些不太一樣。大概「天兵」們琢磨，蕭蕭寒寺，僅有的細軟或許早就被逃走的和尚們席捲一空，殺人無益；或者，當年帶隊搜山的那名百戶清楚，和尚、道士和算命先生之流，不能隨便殺。他記得，朝廷下發的文告裡說得明白：「前代聖賢之後，高尚儒、醫、僧、道、卜筮，通曉天文歷數，並山林隱逸名士，仰所在官司，具以名聞。」（忽必烈《平定江南詔書》）又或者，闖入山門的恰好是董文炳的部隊——董氏是金末北方戰亂中倖存下來的少數軍閥之一，家風謙慎，部隊紀律不錯。董文炳當時率軍南下浙東和閩中，《元史》中他的傳記就寫了不少好話，一說他嚴禁部下踐踏路邊的莊稼，把南方老百姓感動得「不忍以兵相向」；一說他阻止了南宋守將火燒溫州城，福建人感恩戴德，「廟而祀之」。當然，事實可能就是祖元的傳記作者希望傳達的那樣：即使在最黑暗的時刻，只要有適當的機緣，人性中善的種子，依然可以發出微弱、堅定，因而動人的光明。

---

1 又稱「事略」，敘述此人世系、生平、出生年月日等文章，作為史官立傳的依據。

2 約瑟福斯（Titus Flavius Josephus）的《猶太戰爭史》（*The Jewish War*）描述提圖斯的羅馬軍隊洗劫耶路撒冷時，也講過類似的故事。

不管怎麼樣，無學祖元逃過一劫。但是，「大元三尺劍」顯然也斬斷了他對故土的最後一絲眷戀。

一年後，有人自日本國捎來「平將軍」[3]的書信，延請他赴日出任建長寺的住持。建長寺全稱「巨福山建長興國禪寺」，位於今天神奈川縣鎌倉市內，開山祖也是宋朝禪僧蘭溪道隆（四川人）。當時，日本和中國的佛教文化交流極為頻繁。據說，第三代幕府大將軍源實朝，夢到自己是宋朝和尚的轉世，甚至動過親自航海入宋的念頭。

收到信，祖元和尚咬了咬牙，給徒弟們講了一番達摩祖師「逾海越漠」、不辭艱辛來中華傳法的大道理，便毅然出海東渡。

想到此處，老和尚的思緒逐漸從五味雜陳的回憶中擺脫出來。這時，他才注意到，廳上冷然的樂舞早已停了，取而代之的是一股不安和狂熱的氣氛。他望向一側，迎頭遇上東道主時宗清澈的目光。

這張面孔太年輕了！看到年輕的幕府執權，祖元和尚總是想起另外一個同樣也是以「陪臣」身分專權一國的人物——宋朝的賈似道。賈似道得勢的時候，很欣賞祖元，還說動朝廷請他住持自己家鄉台州的真如寺。祖元利用不多的幾次機會，細細觀察過這位權傾中外、炙手可熱的權臣。如今他發現，時宗投來的那道目光裡，蘊藏著的正是他屢屢從賈太師身上尋找不見的東西：

能夠忍辱負重、承載大任的剛毅。

時宗平靜地遞過來一張紙。侍立一旁的通事（翻譯）尚未來得及開口，老和尚已看懂了紙上文字的意思。這是鎌倉幕府的鎮西探馬連夜飛報來的軍情文書。上面只是簡單地寫著：

五廿一，對馬、壹岐，異國賊徒舟襲來。

賓主相顧無言，一時俱體會到了對方在沉默中的決然。

這支「異國賊」日後將以「東路軍」之名留名史冊，它是元世祖忽必烈第二次派遣征日大軍的先發部隊。就在那個陽光明媚的初夏午後，在大海彼端的慶元港（今浙江寧波），還有一位原南宋人，他的目光越過港內舳艫相接的船隊，迫不及待地朝日本的方向遠眺。他就是前南宋殿前副指揮使、大元征日的後續部隊「江南軍」的司令官范文虎。

祖元和尚在賈太師的府邸或許和范文虎有過一面之緣，可未必記得這個公子哥兒的長相；范殿帥也未必對恩主青睞的一個禪師有太多印象。如果沒有南宋覆滅和日本遠征，范殿帥只會是一

3 即北條時宗，北條氏自稱出自日本古老的平氏家族，即桓武天皇後裔。

個平凡無奇的小人物，未必入得了後世史家的法眼。

其實，在本書的故事中來來去去的主角，也大都是些小人物。比如，在元軍船隊被「神風」席捲以後，因為在倖存者中軍銜最高，被推舉出來在孤島上做最後抵抗的張百戶；把自己珍愛的馬鞍換了路費，上訪邀功，還請畫師把自己的事蹟繪成長卷的下級武士竹崎；又或者，日本龍口山常利寺內孤寂的「元使五人塚」下，埋葬著的元朝使節，等等。若沒有忽必烈征日本，這其中一半主角的歷史名望將嚴重縮水，另一半主角大概會被歷史永遠湮沒，不留下一丁點痕跡。

本書講述的正是一位大人物和一群小人物演繹出的大歷史。

第一章

新朝大元，老皇忽必烈

這位大人物，也是對征服日本矢志不渝的人，當然是元朝的締造者，元世祖忽必烈。不了解忽必烈崛起的過程，不了解「元」是個什麼樣的政權，也就難以真正了解這場元日戰爭的真相。

一、「聖誕節」的漢式朝儀

一二七一年（至元八年）農曆秋八月己未日，這個日子後來被元朝稱為「聖誕節」或「天壽聖節」，是忽必烈的五十七歲生日。年屆花甲的大蒙古國第五代大汗，正端坐在大殿御座之上，眯著眼睛看著丹墀前文武官員在侍儀官引導下跪拜如儀。宣贊高唱「山呼」，百官們聲嘶力竭地大喊「萬歲！」如是者三。殿前和廊下侍立的眾多衛士也同呼「萬歲」，遙相應和，氣勢甚是驚人。山呼完畢，餘音在尚未竣工的大都城的黃牆青瓦間久久環繞不去。

元人後來有詩贊曰：

萬方表馬駕生辰，班首師臣與相臣。
喝贊禮行天樂動，九重宮闕一時新。
（節選自張昱《輦下曲》）

這套漢式的朝儀早在兩年前就開始制訂。忽必烈最親信的謀臣劉秉忠和一度被後世誤認為馬可·波羅的大司農孛羅二人，尋訪了許多通曉禮制的儒生和金朝故老，經過無數次彩排，今日終於得以正式完美亮相。

對這套煩瑣的禮節，蒙古人本是很陌生的。據說，在大都的宮殿還沒修好的時候，蒙古貴族和官員朝覲忽必烈，就不用拘泥太多禮數，大家一路熙熙攘攘，寒暄扯談，好不熱鬧。《元史·王磐傳》寫道：「凡遇稱賀，臣庶雜至帳殿前，執法者患其喧擾，不能禁。」更早一些時候，教皇的使節柏郎嘉賓（Giovanni da Pian del Carpine）到訪設在哈剌和林的蒙古汗廷。他親眼見到，第三代大汗貴由的白色大帳，周圍只有一圈木頭柵欄保護著，凡在禁地閒逛者，一律用木頭做的響箭射擊驅逐。

這種場面，在深入接觸中原文明富庶的忽必烈看來，大概也是很尷尬的。西漢初年，那些出身引車賣漿之徒的開國功臣，在殿下飲酒爭功，說到激動的地方還大喊大叫，「拔劍擊柱」，讓漢高祖劉邦頭疼不已。直到有個識相的儒生叔孫通，設計出來一套中規中矩的「朝儀」，才讓劉邦體驗到身為天子的尊貴。

忽必烈生而為世界征服者成吉思汗的嫡孫，自小就貴不可言，還不至於像劉亭長那樣情不自禁喊出「吾乃今日知為皇帝之貴也！」不過，忽必烈對這套朝儀顯然很是滿意。再聯想起自己這些年也陸續成就了不少功業，他不禁有些志得意滿、揚眉吐氣之感。

這種感覺不是沒有原因的。因為，就在十四年前，蒙古帝國第四代大汗蒙哥統治下的第七個年頭，也就是一二五七年，忽必烈的政治前途還是一片陰風淒慘。他怎麼也不會想到，蒙古大帝國的皇冠會這麼快就落到自己的頭上。這頂皇冠雖然因為後來兄弟鬩牆、汗國分裂，不免有些破舊，拿華夏中原的禮樂文物來補綴修飾一番，倒是可以接著再戴。

二、在兄長蒙哥的陰影下

一二五七年之前，忽必烈還只是蒙古帝國疆域內眾多藩王中的一個。雖然他的同母兄長貴為大汗，但他還有好多叔叔伯伯和兄弟。按照草原帝國的繼承傳統，要說輪到他，還為時尚早。不過，忽必烈是個有野心、有抱負的人，很早就在幕府中網羅了一大批身懷奇能異術、真才實學的人才，包括劉秉忠、李德輝、張文謙、廉希憲、阿里海牙、孟速思、董文炳、董文用、郝經、王鶚、姚樞、竇默等六十餘人。這些人被稱為「潛邸舊侶」，後來在元朝初年的政治中發揮了重要的作用。連明太祖朱元璋那樣刻薄的人，對元朝歷史上的這批人才也是頗為欣賞，多次稱道至元「君臣樸厚」，又說「昔元初有天下，人務實學，故賢才重進取」。

明成祖朱棣奪天下的時候，身邊可信任的謀士，只有「黑衣宰相」姚廣孝等數人。然而，論道德文章才華，忽必烈幕府「潛邸舊侶」中哪一個比不上姚廣孝？《元史》說忽必烈當藩王的時候，就「思大有為於天下」。他確實有這份氣度，也有這份實力。

不過，光有抱負和幕僚班子還遠遠不夠，要「大有為於天下」，首先要有施展拳腳的舞臺，要有可靠的根據地。《大學》裡說：「有德此有人，有人此有土，有土此有財，有財此有用。」這其實是哲學家、宗教家的一廂情願。真正的政治家或者法家必然清楚，要想在群雄逐鹿的局面裡成大事，首先得有土地、人民和錢。至於「德」，這種合法性的東西，不妨以後慢慢建構。所以，有「德」如先主劉備，諸葛亮一開始無非是勸他「先取荊州為家，後即取西川建基業」，巧取豪奪另外兩個「漢室宗親」的地盤。

對忽必烈和他的幕僚來說，機會很快就出現了。當時漠南地區的河南、陜西，屬於蒙古帝國三大行尚書省機構——「燕京等處行尚書省」的轄區[1]，因為與南宋接壤，戰亂頻仍，加之受到燕京行省色目人官僚的盤剝騷擾，弄得一片烏煙瘴氣。多半是某位幕僚，也像諸葛亮一樣，向忽必烈遊說了一通「此殆天所以資將軍，將軍豈有意乎」的話，於是，一二五二年春，趁到哈剌和

1 另外兩個行尚書省，分設別失八里和阿母河以西，管轄蒙古征服的中亞和南俄地區。

林朝覲的機會，忽必烈居然主動向蒙哥大汗提出，放手讓自己來治理這兩個地方，而且拒絕色目人再插手當地事務。

得到蒙哥首肯以後，忽必烈帶著班子興沖沖趕赴河南地區，在下屬州縣設立了安撫司、宣撫司等衙門，興屯田、修守備，做得有聲有色。忽必烈也在部分漢地士大夫心目中迅速獲得「賢王」的名聲。

事後看來，這是一招埋下了重重禍根的險招。

忽必烈「試治」漢地，暗地裡得罪了不少人。在新根據地謀得一份差事的「潛邸舊侶」，恰書生意氣，揮斥方遒，對所屬州縣的吏治大肆整肅，誅殺「奸惡」，讓原燕京行省系統的大小貪官們寢食難安，敢怒不敢言。忽必烈又設立榷課所，交鈔提舉司等等，將河南、陝西等地的財稅大權也收歸於己。不僅奪人官位，又奪人利藪，這問題就嚴重了。於是，從帝國邊境的汴京直到帝國心臟哈剌和林，一場針對忽必烈和他的幕府的政治風暴正在醞釀成形。

一二五七年春天，終於出事了。有人在大汗蒙哥那裡告發：忽必烈「得中土心」，將來恐怕尾大不掉，而且幕府諸人「多擅權為奸利事」，截留了不少上供朝廷的賦稅，給忽必烈私自支配。

忽必烈的親兄長大汗蒙哥的性格，我們還不是很清楚，只知道他首先是個極其迷信的人。

《元史．本紀》說他「酷信巫覡卜筮之術」，無論做什麼事，都要恭恭敬敬求神問卜一番，「殆無虛日，終不自厭」不過，他卻不是個荒政的君主。相反地，漢武帝、明世宗和明神宗的經歷告訴我們，愈是迷信的皇帝，愈喜歡乾綱獨斷，牢牢地把權力握在手裡。此外，蒙哥還是一位果於誅殺的君主。波斯歷史學家給我們留下了這樣一則逸事，說的是出自拖雷家族的蒙哥登基之初，窩闊台和察合台家族的宗王據說暗蓄異志，打算趁登基典禮之際發動武裝政變，結果被識破並鎮壓。當開會討論如何處置叛黨的時候，色目人牙老瓦赤不動聲色地給蒙哥講了一則陰險的寓言：

當亞歷山大大帝征服世界上大部分國家時，他想去攻打印度。但國中的大臣和權貴脫離了順從之道，每個人都要求獨立自主。亞歷山大對他們毫無辦法，便派遣急使到魯木去見亞里斯多德，向他擺明了大臣專橫跋扈的情況，並詢問他對此有何辦法。亞里斯多德和急使一同進入花園，吩咐把根大而深的樹挖掉，在它們所占的地方種上一些幼小的樹，而沒有給出正面答覆。受命的急使回去見亞歷山大說：「亞里斯多德什麼也沒有回答！」亞歷山大回答：「他已經回答了，但你沒有聽懂！」（拉施德丁《史集》）

據說，蒙哥非常喜歡這個寓言。結果，窩闊台和察合台兩家的反抗勢力，包括前代大汗貴由的皇后在內七十餘人被無情誅殺。這是「黃金家族」內部自成吉思汗以來最大規模的血腥清洗。

話歸正題。對於位於漠南，帝國中樞隱隱形成尾大不掉之勢的忽必烈幕府，蒙哥果斷採取了雙管齊下的手段。第一步，他以迅雷不及掩耳之勢解除了忽必烈的統兵權，勒令他對外宣布「患腳疾」，在家休養。第二步，他派遣自己的心腹，一個叫阿藍答兒（波斯語：執旗者）的人，前往忽必烈在陝西、河南的封地，設立了一個叫「鉤考局」的特務衙門，徹查幕府人員在經濟和行政方面的違紀行為。

阿藍答兒氣焰囂張，一到地方，就把忽必烈手下辦事人員都關進「鉤考局」，公布一百四十二項罪名，宣稱除了史天澤、劉黑馬這兩個萬戶軍官外，其餘人等，先斬後奏。他手下的爪牙，似乎只要喊一句「鉤考局辦事！」就有權直接闖入忽必烈的王府，逮捕嫌疑人，酷刑拷問，羅織罪狀。「官吏望風畏遁，死於威恐者二十餘人」。忽必烈一籌莫展，只好派少數親信「彌縫其間」，暗中給王府通報消息。

危急時刻，忽必烈的漢人幕僚姚樞建議，趕緊帶著全家去哈剌和林長住，與蒙哥面談，消除誤會。忽必烈依言而行。據說，兩兄弟好不容易見面之後，蒙哥念及手足之情，泫然涕下，「不令有所白而止」。於是，一二五七年年終，一場聲勢浩大的清算忽必烈勢力的運動戛然而止。

三、意外的崛起

一二五七年，確實是未來的元世祖時來運轉的一年。從這年開始的短短幾年內，忽必烈一生中的三大勁敵，分別與他發生激烈衝突，又黯然退出歷史舞臺，最終成就了他從一介藩王到蒙古帝國九五之尊和後來的「中國之主」王業。

這三大勁敵就是他的哥哥蒙哥、弟弟阿里不哥和名列《元史．叛臣傳》第一的李璮。

「鉤考」雖然中輟，但忽必烈的權力並沒有因此恢復。一二五八年春，蒙哥留下年紀最小的弟弟阿里不哥守衛哈剌和林，親率大軍渡過黃河，兵鋒直指南宋的川蜀腹地，其他兩路大軍分別由大將塔察兒和兀良哈台率領，期於一二六〇年正月會師潭州，然後順江東下，直取臨安。不料，蒙哥的大軍在重慶北邊的釣魚城遭到激烈抵抗，塔察兒麾下的東路軍圍攻襄陽、樊城約一週時間，結果兵敗撤退。蒙哥汗大怒，撤換塔察兒，讓賦閒在家的忽必烈再度領軍南下。

對蒙哥來說，此次臨陣換將，其後果幾乎是無法承受的。忽必烈一二五八年底從北方的開平誓師出發，次年入秋才進入河南境內。在此期間，自冬及暑，蒙哥大軍在釣魚城下陷入苦戰。七月，在釣魚城下暑氣和瘟疫肆虐的蒙古軍營中，蒙哥汗猝然身亡，成為蒙古帝國第三位出征期間駕崩的大汗。這個機率放在傳統中國君主身上，簡直難以想像。中國皇帝最好的結局，大概是在重重殿宇的深處，在閹宦和宮人的環伺之下嚥氣。

蒙哥絕對是忽必烈崛起的頭號勁敵。「鉤考」過後，雙方表面上一團和氣。然而，既然已經撕破了臉，即使還顧慮手足之情沒有公然兵戎相見，忽必烈和蒙哥，以及圍繞在這兩兄弟周圍的各種勢力，也必然要有攤牌的一天。

對忽必烈來說，幸運的是，這一天永遠也不會到來了。對留守和林的阿里不哥來說，不幸的是要接替蒙哥，倉促間坐上牌桌，將賭局進行到底。

公正地講，蒙哥留給阿里不哥的，倒不是一把爛牌。儘管忽必烈在即位詔中自吹自擂：

> 求之今日，太祖嫡孫之中，先皇母弟之列，以賢以長，止予一人。雖在征伐之間，每存仁愛之念，博施濟眾，實可為天下主。

不過，草原帝國的繼承，從來就不講「以賢以長」這一套。什麼長幼、行輩、嫡庶，都可以毫不客氣地拿來為最終勝利者辯護，而這個最終勝利，是要靠各種拉幫結派、談判、謀殺和清洗，更多時候還要訴諸內戰才能獲得的。傅禮初（Joseph F. Fletcher）簡單地把這個混亂的繼承過程稱為「血腥繼承制」（bloody tanistry）。在這場鬥爭中，弟弟阿里不哥占據了蒙古根本之地，控制了和林的軍隊和諸斡耳朵，[2]具有更充分的大義名分。所以，杉山正明才諷刺地把這場繼承戰爭重新命名為「忽必烈之亂」。

阿里不哥接到蒙哥去世的消息，大概也略早於忽必烈。他的黨羽，也是當年參與「迫害」忽必烈的阿藍答兒等人馬上行動起來，利用和林四通八達的帝國驛站系統，大肆徵調軍隊。個別軍隊的集結，距離忽必烈王府的老根據地開平還不到百里。忽必烈的王妃察必聽到風聲，趕緊派人去南方前線密報忽必烈。波斯文史籍記載，察必用了一個有趣的暗語：「大魚的頭被砍斷了，在小魚中除了你和阿里不哥以外，還剩下誰呢？」

一二六〇年（中統元年）農曆三月，忽必烈火速趕回開平，搶先登基。隨後，雙方圍繞北（開平—燕京）、西（秦—隴—蜀）兩條戰線展開爭奪。這場汗位爭奪戰的細節還說不太清楚，畢竟，家醜不可外揚，況且在勝利者的史書中，失敗者是沒有光彩的。我們只知道，最終，忽必烈憑藉東道蒙古諸王的擁護、當年王府網羅的各種奇能異士，加上漢地源源不絕的資源輸送，逼迫對手在一二六四年（中統五年）走投無路，親身歸降。當阿里不哥按照屈辱的習俗，肩上掛著大帳的門簾去見忽必烈時，哥哥問弟弟：「這場紛爭究竟誰是對的？」弟弟回答：「當時是我

2　斡耳朵（ordo）意為宮帳，此處指拖雷家族繼承的成吉思汗四大斡耳朵，各有專門管理之機構、領地與屬民。

們，現在是你們。」

就在忽必烈與阿里不哥在西北鏖戰的當兒，大後方又起火了。一二六二年（中統三年）二月，長期盤踞山東的軍閥、「益都路行省、江淮大都督」李璮，宣布背叛蒙古，將自己統治下的漣海三城獻給南宋，換取南宋的冊封。李璮盤踞山東東南部多年，一貫藉口與南宋作戰，養寇自重。忽必烈北上爭奪皇位，他不發一兵一卒。此次突然叛投南宋，也是早有預謀。李璮的兒子李彥簡留在忽必烈身邊當人質，他就在從京城到益都的沿路各個交通要點安插了自己的密探，隨時備有快馬，搞了一條祕密驛道。這條私驛平時可用來傳遞情報，謀反前夕，李彥簡就利用它日夜兼程逃回了山東。

據說，在蒙古軍隊的重重包圍中，李璮曾經登上城樓，憑欄遠眺，望一望該來而遲遲不來——其實根本不會來——的「援軍」，作了一首《水龍吟》：

腰刀帕首從軍，戍樓獨倚閑凝眺，中原氣象，狐居兔穴，暮煙殘照。投筆書懷，枕戈待旦，隴西年少。歎光陰掣電，易生髀肉，不如易腔改調。

世變滄海成田，奈群生幾番驚擾，干戈爛漫，無時休息，憑誰驅掃？眼底山河，胸中事業，一聲長嘯。太平時相將近也，穩穩百年燕趙。

可見這位山東軍閥並非沒有一點宏圖壯志，只是格局畢竟狹隘。從一開始，忽必烈的幕僚姚樞就料定他不敢趁忽必烈北上之機「瀕海搗燕，閉關居庸」，必定只會攻占濟南後固守待機。果然，李璮一方面對南宋援軍期待過高，一方面幻想他振臂一呼，就能在原金朝統治區內的大小軍閥中造成一定的混亂。結果，蒙古大軍三月圍城，到了七月，濟南城就守不住了。七月十三日，最後一次突圍未果後，李璮知道大勢已去，「手刃愛妾，乘舟入大明湖，自投水中」。可惜自殺未成，被綁到了蒙古軍統帥帳前就地處死。

對李璮的窮途末日，明代的《前聞記》還留下了一個奇特的傳說。說是蒙古軍合圍後，時常有一股白色「蜃氣」彌漫在濟南城上空。老人都說，這大概是「白蛇精」作祟。於是，迷信的蒙古軍專程從東平府物色了一位「開山人」（捕蛇者）來對付它。這位江湖術士遠遠望見濟南城頭的白霧，一口咬定：果然是「白蛇精」，不過還算幸運，「未食血，若食血了難收」，如果一百天內能夠捕得此蛇，就可以活捉「李行省」：

> 乃於白氣之方掘一土穴，取禁蛇於其內，早夜繞城吹牛角咒之：大蛇不出小蛇出，小蛇不出大蛇出。至六月半間，其白氣騰空而去。

據說，自從這道白氣飛去後，李璮的精氣神就一日不如一日，昏昏沉沉，「軍伍不備。將士作亂，以致絕糧」，都不管了；十九日那天，「夜一鼓，有大星墜於府治。李拈香而拜曰：『李璮死於此』。」

四、從蒙古到大元

「阿藍答兒鉤考」、「阿里不哥之亂」和「李璮之亂」，可謂忽必烈崛起過程中相繼發生的三大危機。這三次大危機只要有一場未能熬過，中國歷史上大概將不復有元朝這個朝代。當然，它們對元世祖的政治性格和元初內政外交的微妙影響，只有在更晚的時候才可見端倪。到一二六四年（至元元年），這些驚心動魄的時刻，俱已成為前塵影事。忽必烈終於能夠把曾經向「潛邸舊侶」屢次表態——「我今雖未能即行，安知它日不能行之耶！」——的那些治天下之道，付諸實施。至元八年的演朝儀，那不過是場面上的裝飾。

對於治理漢地的人民，蒙古統治者口氣一度是非常兇狠的。有個叫「別迭」的蒙古官員向成吉思汗提出過著名的建議：「漢人無補於國，可悉空其人以為牧地。」這個無比大膽而又「符合邏輯」的建議，雖然因為耶律楚材的勸阻未能實現，但經過後世漢學家的層層轉述，連馬克思都略有耳聞，在《資本論》第一卷的一個註腳裡還引用過。[3]還有一次，成吉思汗嫌棄金朝投降過來的軍隊非常累贅，「次牛蘭山，欲盡戮漢軍」。（《元史．石抹孛迭兒傳》）接下來的三大汗，南征北戰，哪次不是殺人盈城？忽必烈的幕僚之一李治說得形象：「黃麾一指，伏屍萬里」。

想不到，才過了半個世紀，成吉思汗的繼承者搖身一變，當起推行「仁政」、「漢法」的「中國之主」來，居然也有模有樣。

《元史》記載，一二六二年（中統三年），忽必烈語重心長地囑咐宰相：「朕或乘怒欲有所誅殺，卿等宜遲留一二日，覆奏行之。」意思是說：「我發怒下令殺人的時候，你們不要馬上就辦，可以等個一兩天，我心情好了，再上奏一次看看。」另一次，忽必烈覺得監獄裡面關的人太多了，「敕諸路自死罪以下，縱遣歸家」，讓他們等到八月秋涼的時候，自己回大都報到，聽候判決。這些囚犯居然都乖乖回來了。於是忽必烈可憐他們，大筆一揮，一律釋放！這些事蹟擱在讚美唐太宗的《貞觀政要》裡，恐怕也沒有什麼遜色之處。

3 「當蒙古人入侵中國北部各省的時候，有人曾經在會議上建議消滅那裡的居民，並把他們的土地轉化為牧場。蘇格蘭高地的許多地主已經在自己的土地上對自己的同胞實現了這個建議。」見《資本論》第一卷第24章〈論所謂原始積累〉註腳217。

這裡不可能詳細介紹至元元年到至元八年，忽必烈推行中原王朝傳統制度的所有舉措。這些足夠寫半部元代制度史。我們只好講講當時最為聳動視聽又意義深遠的兩項：一是建都，二是改國號。

忽必烈幕府的老根據地，原在桓州之東、灤水之北，一片金蓮花遍地綻放的開闊平原。在此地修建的城郭，先名「開平」，後名「上都」（今內蒙古自治區正藍旗東北）。至元元年開始，忽必烈著手在金朝舊都燕京（今北京）的基礎上營建新的首都，歷時近二十年才完全竣工，後名「大都」。

這座華北平原上的千年古城，占據形勝之地，北連朔漠，南控江淮，西擁太行，東瀕渤海，便於同時控制漠北和漢地。新首都有十一個城門，據說象徵哪吒神的「三頭六臂兩足」。皇城之內聳峙著大明殿、延春閣、隆福宮等宏偉富麗的宮室，又將栽滿了芙蓉花的太液池（今北海和中海）囊括在內，格局彷彿遊牧民族依山傍水的冬季營地。[4]這是個草原—農耕混搭風格的大都會。

宮城之內，太液池中，有瓊華仙島，後改名萬壽山。山高數十丈，翠草紛紛，松檜隆鬱，峰巒隱映。山頂是金碧輝煌的廣寒殿，四望空闊，下植楊柳，時人所謂「廣寒宮殿近瑤池，千樹長楊綠影齊」。[5]值得一提的是，一二六九年（至元六年），忽必烈派往日本的招諭使節黑的

（Qedi），被阻攔在了對馬島，屢次同日方交涉未果，雙方還發生了一些肢體衝突。元朝使節無奈，只好綁架了兩個正好在附近捕魚的日本漁民回京交差。這兩個九州當地的漁民叫塔二郎、彌二郎。到了大都，忽必烈派人領著這兩人「遍觀」萬壽山上的「玉殿」。太液池周圍的景致，曾讓見識過萬國榮華的馬可．波羅驚歎不已。這兩個出生以來就不曾見過什麼大世面的漁民，自然不會比初進大觀園的劉姥姥出息更大。《高麗史》中記載，忽必烈當時還耐著性子對這兩個漁民說，日本自古就朝覲中國，自己希望日本來朝，「但欲垂名後世耳！」（《高麗史》卷二六）

建都之外，還有改國號。直到一二七一年（至元八年），忽必烈政權一直沿用前代大汗的國號：「大蒙古國」（蒙古語：也可蒙古兀露絲）。所以，一二六八年（至元五年），忽必烈送到日本的國書，具名還是「上天眷命，大蒙古國皇帝奉書日本國王」。至元八年，忽必烈的生日過後三月有餘，就向天下宣布改國號為「元」。這道建國號詔書的修辭很有意思。它一上來就將中國上古以來的國號評頭論足了一番：

4 杉山正明，《クビラァと大都》，梅原鬱編，《中國近世の都市と文化》，同朋舍，1984年，頁485-581。

5 陳高華，史衛民，《元代大都上都研究》，中國人民大學出版社，2010年，頁46-47。

誕膺景命，奄四海以宅尊；必有美名，紹百王而紀統。肇從隆古，匪獨我家。且唐之為言蕩也，堯以之而著稱；虞之為言樂也，舜因之而作號。馴至禹興而湯造，互名夏大以殷中。世降以還，事殊非古。雖乘時而有國，不以利而制稱。為秦為漢者，著從初起之地名；曰隋曰唐者，因即所封之爵邑。是皆徇百姓見聞之狃習，要一時經制之權宜，概以至公，不無少貶。

總而言之，就是說，這些個國號取得都不怎麼樣。然後才進入正題：

我太祖聖武皇帝，握乾符而起朔土，以神武而膺帝圖，四震天聲，大恢土宇，輿圖之廣，曆古所無。頃者耆宿詣庭，奏章申請，謂既成於大業，宜早定於鴻名。在古制以當然，於朕心乎何有。可建國號曰大元，蓋取《易經》「乾元」之義。茲大冶流形於庶品，孰名資始之功；予一人底甯於萬邦，尤切體仁之要……

「元」這個國號，僅僅是「大蒙古國」的一種對譯，還是有什麼別的政治哲學或意識形態的深意？學者眾說紛紜。這裡只節錄唐德剛的一段明快斷語，為這道詔書做一注解：

> 中國的朝代名稱，從秦、漢、魏、晉……到宋、遼、金，均是具體的地名。但是蒙人在入主之後……乃改用一個抽象的名稱改元，以為朝代之名，以示其是一個真正的「四海之內，莫非王土；率土之濱，莫非王臣」的傳統儒家思想裡的宇宙大帝國，不自限於某一特定區域也。[6]

唐德剛的斷語對與不對，留待下一章講忽必烈的征日動機時再詳說。我們只需知道，就在忽必烈向天下宣布改國號的幾乎同時，元日開戰前的最後一名使節趙良弼，正帶著忽必烈的「最後通牒」在日本登岸。

他究竟是代表儒家的「中華共主」來要求日本承認，還是代表著「滅國四十」的蒙古帝國來要求天皇匍匐在大汗的腳下呢？

---

6 唐德剛，《袁氏當國》，廣西師範大學出版社，2015年，頁140。

第二章

蒙古帝國的野心與黃金之國日本

一、蒙古的野心

剛剛崛起的元朝，尚與南宋在神州大地上對峙，為何急於出兵日本？研究者多以為是忽必烈為征服南宋而布置的一局大棋。[1]然而，又該如何解釋南宋滅亡之後，忽必烈對日本至死不渝的執念呢？

其實，問題該這樣問：忽必烈為何出兵日本、出兵南宋、出兵占城、出兵安南、出兵緬國、出兵爪哇、出兵高麗？一個朝代的正史的《外國傳》裡，幾乎清一色都是被它征伐過的「外國」，這在二十四史中恐怕是前無古人，後無來者。這些國家，後來多數成了明太祖在《祖訓》裡諄諄囑咐後世子孫不准瞎碰的「不征之國」。

答案只有一個：這是蒙古帝國的本性使然。

遊牧民族為什麼打仗？首先是為了從定居農業社會獲取必要的經濟資源，維持本來不太穩定的遊牧經濟。這樣看，蒙古人不過是步匈奴、鮮卑、契丹等民族的後塵。

其次，也是為了從這種掠奪中收穫作為戰士的樂趣。最具代表性的就是成吉思汗的名言，男子漢最大的樂趣在於：

鎮壓叛亂者、戰勝敵人，將他們連根剷除，奪取他們所有的一切：使他們的已婚婦女號哭、流淚，騎乘他們的後背平滑的駿馬，將他們的美貌的后妃的腹部當作睡衣和墊子，注視著她們的玫瑰色的面頰並親吻著，吮她們的乳頭色的甜蜜的嘴唇。（拉施德丁《史集》）

或者如法國現代著名思想家雷蒙・阿隆（Raymond Aron）說的：

沙漠或者草原的遊牧民族、阿拉伯人或者蒙古人的生活方式在於：戰鬥是生活當中的自發表達和主要活動。他們為戰爭而戰爭。他們攻擊定居民族，因為戰爭是他們的樂趣。[2]

不過，如果把蒙古帝國的軍隊視同一群打劫為生的綠林草寇，那是大錯特錯。他們真的鼓搗出了比這個還複雜一點的東西。當蒙古軍隊把一個個獨立部族或政權的名字從歐亞地圖上抹去，

1 除了「孤立南宋」說，還有「消滅倭寇」說、「貪圖黃金」說和「奪取硫磺」說，等等，見北岡正敏，《蒙古襲来の真実：蒙古軍はなぜ壊滅したのか》，ブイツーソリューション，2017年，頁35-36。

2 雷蒙・阿隆著，朱孔彥譯，《和平與戰爭：國際關係理論》（*Peace and War: A Theory of International Relations*），中央編譯出版社，2013年，頁149。

把蒙古國家從一個純粹的草原社會組織轉化為一個「農牧複合帝國」後，就出現一種認為蒙古人本就應該征服世界的辯護論思想。一些西方蒙古學家稱之為「蒙古帝國觀念」（Mongol imperial idea），或者說「蒙古帝國意識形態」。[3]

二、是「國書」還是「臣服詔書」？

什麼是「蒙古帝國意識形態」？看看蒙古大汗致教皇和法國國王路易的「詔書」就知道了。

十三世紀初，橫掃歐亞的蒙古「旋風」讓西歐的統治者寢食難安。傳說，蒙古部落中還有信奉基督教的「約翰王」。於是，教皇英諾森四世和法國國王路易九世等，紛紛向蒙古大汗派出正式或非正式的使節，一方面搜集潛在對手的情報，另一方面試探有沒有和蒙古人開展合作、共同對付阿拉伯軍隊的可能，也好減輕一點十字軍諸國的壓力。

一二四七年，方濟各修士柏郎嘉賓歷經千辛萬苦，不辱使命，帶回了大量有價值的情報，還有蒙古大汗貴由給教皇的回信。在此節錄關鍵部分以饗讀者：

我們，長生天氣力裡，

大兀魯思之汗

我們的命令……

自日出之處至日落之處，一切土地都已被我降服。誰能違反長生天的命令完成這樣的事業呢？現在你應該真心誠意地說：「我願意降服並為你服役。」你本人，位居一切君主之首，應立即前來為我們服役並侍奉我們！那時我將承認你的降服。

如果你不遵守長生天的命令，如果你不理睬我的命令，我將認為你是我的敵人。同樣地，我將使你懂得這句話的意思。如果你不遵照我的命令行事，其後果只有長生天知道。

（道森《出使蒙古記》）

這封「回信」，或者乾脆說，這道「命令」的末尾，還印有大汗玉璽，文字意為「長生天氣力裡，大蒙古兀魯思全體之汗聖旨。敕旨所至，臣民敬肅尊奉。」

3 雖然西方研究者多用idea（思想、觀念），從這種征服觀與權力結合，具有很強的操作性和實用性看，直接稱之為意識形態（ideology）或許更加妥當。見余英時，《意識形態與學術思想》，載於《中國思想傳統的現代詮釋》，臺北：聯經出版事業公司，1987年。

貴由回信的內容顯然不只讓老教皇失望透頂。著名的「卡諾薩之辱」就發生在那個教權尊於王權的中世紀歐洲。說的是神聖羅馬帝國皇帝亨利四世，因為和教皇格列高利七世起了衝突，被教皇革出教門，只好親自前往義大利北部的卡諾薩城堡，在教皇下榻處的門外，赤足露頂，冒著漫天飛雪，跪求了三天三夜，才讓教皇消氣。有人用貴由那般語氣訓斥養尊處優的教宗大人，大概還是破天荒頭一回。讀罷這封奇妙的國書，英諾森四世內心深處的憋屈和憤怒，肯定是難以用筆墨形容的。

讓他感到「安慰」的是，西歐其他君主從蒙古大汗那裡收到的，也大都是這種不太客氣的命令。大汗蒙哥致法國國王路易九世的信中還來了這麼一句：「在天上只有一位永恆的神，在地上只有一位統治者，那就是成吉思汗，神之子。」（拉丁文：In coelo non est nisi unus Dues eternus, super terram non sit nisi unus dominus Chingischan, filii Dei.）素有風度的聖路易，也只能搖搖頭，苦笑著把信擱在一旁。連教宗大人都吃了個啞巴虧，他還有什麼好說的？

柏郎嘉賓，就是那個帶回貴由回信的修士，在自己的回憶錄裡寫道，成吉思汗曾經頒布了兩條法令，任何蒙古人不得違反，其中一條就是：「他們要使全世界降服，決不同任何民族講和，除非這些民族首先向他們投降。」（道森《出使蒙古記》）

幾乎毫無妥協餘地的「要麼歸順，要麼開戰並被征服」，就是蒙古帝國對外征服精神的本質特徵。埃里克・沃格林（Eric Voegelin）從前近代的國際關係角度，對這些「詔書」作了非常中肯的解說：

神的旨意（Order of God）要求成吉思汗統治世界……蒙古帝國——依據它的自我詮釋——並非是世界上諸國（states）林立格局中的一國，而是一個「正在形成中的世界帝國」（拉丁文：imperium mundi in statu nascendi）。眾多領土、君王和人民也許事實上（de facto）在蒙古軍事和財政管理所及的範圍之外，但是他們在法理上（de jure）是這個正在形成中的世界帝國潛在的組成部分。一旦帝國的權力事實上擴張，那麼法理上的潛在組成部分就應該被轉化為事實上的組成部分。

……世界帝國之主的地位是獨一無二的，大汗權力一旦與其他君王的權力發生接觸，在任何情形下，一開始都不存在法理上的和平狀態，例如互相承認領土和權力，也不存在法理上的戰爭狀態。與蒙古帝國最初接觸時，異國權力要麼進入臣服關係，成為蒙古人的附庸……如果拒絕服從，那就等於是叛變（rebel）。由於後一種選擇而招致的暴力行為不是戰爭，而是（從法律上說）一種討伐，是得到神意支持的。[4]作為從小就在「黃金家族」中長大的「皇三代」，忽必烈正是在這種一往無前的征服者思維教育下成長的。讀讀他給「日本國王」的兩道詔書，比起貴由和蒙哥來，語氣雖然還算客氣，卻毫無轉圜餘地。第一道詔書中這樣寫道：

日本密邇高麗，開國以來，亦時通中國，至於朕躬，而無一乘之使以通和好。尚恐王國知之未審，故特遣使持書布告朕心，冀自今以往，通問結好，以相親睦。且聖人以四海為家，不相通好，豈一家之理哉？以至用兵，夫孰所好，王其圖之。

第二道詔書中有這樣的內容：

日本素號知禮之國，王之君臣寧肯漫為弗思之事乎！近已滅林衍，復舊王位，安集其民，特命少中大夫祕書監趙良弼充國信使，持書以往。如即發使與之偕來，親仁善鄰，國之美事。其或猶豫以至用兵，夫誰所樂為也，王其審圖之。

傳統中國的君主，不會以這樣的姿態給外國寫信。對他們來說，不遣使，不來朝？無妨！蕞爾島夷，僻居海上，四夷賓服、萬國來朝的煌煌盛會，何時在意缺了個什麼倭國的代表？「欲朝者不距，不欲者不強」（《漢書．匈奴傳》）「來者不拒，去者不追」（錢時《兩漢筆記》卷9），置之化外，足矣！

元朝不一樣。在二十世紀初新發現的《異國出契》中，還有一件一二六九年（至元六年）大蒙古國中書省給「日本國王」的牒文，其中就說得比較露骨了。牒文要求日本像高麗一樣，「盡畏天事大之禮」，並且保證給與高麗國同等地位，否則就要：

> 天威赫怒，命將出師，戰舸萬艘，徑壓王城，則將有噬臍無及之悔矣。

現代學者喜歡爭論：忽必烈詔書裡「以至用兵，夫孰所好」這些話，究竟有沒有武力威脅的意思，還是真心要和日本和平建交？看到這裡，不難發現答案很簡單。「上兵伐謀，其次伐交，

---

4 Eric Voegelin, 'The Mongol Orders of Submission to European Powers, 1245-1255,' In: *Byzantion: Revue Internationale des études Byzantines*, 15(1941): 378-413.

其次伐兵，其下攻城。」說得很玄，其實是個簡單的成本費用計算問題。石器時代的原始人，只要光憑虛聲恫嚇，就能從軟弱的對手那裡敲詐來自己想吃的果子，而用不著拼老命出動腳底那把無比笨重的石斧頭，也會優先選擇前一策略。

對忽必烈來說，也是一樣。他打算敲詐果子的態度始終如一，而傳統的中華帝國，一味裝作看不上這些果子。這才是關鍵所在。忽必烈那些詔書，外表一派中華氣象，骨子裡無非是蒙古式「臣服命令」。試問，以「用兵」來要脅日本「畏天事大」和大汗責由要求西歐諸國「為我們服役並侍奉我們」，「以至用兵，夫孰所好，王其圖之」和「如果你不理睬我的命令，我將認為你是我的敵人」之間，有什麼本質區別呢？就好像楚將子玉向晉文公請戰：「請與君之士戲」；曹操跟孫權說：「今治水軍八十萬眾，方與將軍會獵於吳。」這些外交辭令，顯然都不能夠按字面意思去理解。

忽必烈也發現，在別人的地盤上用別人的話語和規則，來玩這套外交遊戲，自己遠不如唐宗宋祖。那幾道語氣詭異、讓後世學者揣摩不透的諭日本詔書，好比一個西洋拳擊手改打太極，總覺得招式軟綿綿的，況且幾拳出去，連一點效果都沒有，還是老老實實做回蒙古大汗，手握「上帝之鞭」來得快活自在。

三、「合法性欠缺綜合症」

除「蒙古帝國意識形態」外，還有一個深層動機，促使忽必烈出兵日本，我們稱之為「合法化饑渴」或者「合法性欠缺綜合症」。這是幾乎困擾忽必烈一生的頑疾。

不錯，蒙哥戰歿四川而引發的皇位爭奪，最終勝出的人是忽必烈。比起蒙古帝國的「前四汗」，新生的忽必烈王朝最大的兩個軟肋，就是「得國不正」和「推行漢法等於背離草原傳統」。我們只需要摘引一段美國蒙古學家羅沙比（Morris Rossabi）的評語，就足以說明忽必烈當時的心理狀態：

> 和他的前輩一樣，忽必烈清楚地知道，他必須繼續堅持領土擴張的政策。因此，他的軍事機器一直保持著臨戰狀態。在蒙古人眼中，作為統治者，他的成功至少在某種程度上取決於他能夠為他的帝國增加多少財富、人口和疆域。同樣地，漢人的思想觀念認為，一個好君主的賢德及其國度的榮耀會吸引外國人來朝，並服膺於華夏文明。為了提高他作為蒙古人和漢人世界統治者的權威性，忽必烈必須採取一種果斷、進取性，甚至進攻性的對外政策。此外，對忽必烈奪取汗位的質疑，也迫使他必須用實際行動證明自己的合法性，平息對他統治

權力的任何疑問。既然他曾受到自己親兄弟的挑戰，那麼肯定還會有人質疑他是否有資格擔當蒙古帝國的統治者。對他來說，堵塞質疑之口的最好方法，莫過於把更多版圖納入蒙古的政治控制之下。除此之外，還有什麼更好的方法呢？[5]

一二七一年，當五十七歲的老皇帝忽必烈，志得意滿，舉目四顧，正要感慨時無英雄、對手難覓的寂寞時——雖然南宋尚未降伏，他打心底裡瞧不起南宋朝廷那一幫君臣，或許賈似道和文天祥除外——一個不怎麼和諧的聲音，傳到了他的耳朵裡。《元史》裡有一篇元代西夏人的傳記，裡面說，正在這個當兒，「西北藩王遣使入朝」。這個「西北藩王」或許是對忽必烈早就心懷不滿的窩闊台、察合台後王，或許是忽必烈的親弟弟、已經在伊朗「自帝一方」的旭烈兀，又或許是金帳汗國的蒙哥帖木兒汗。總之，來朝的使節似乎非常忠實地轉達了他們的質問：

本朝舊俗與漢法異。今留漢地，建都邑城郭，儀文制度，遵用漢法，其故何如？《元史．高智耀傳》

直到這時，忽必烈才猛然記起，原來蒙古國家是個「家產制」的東西；換句話說，是「哥哥兄弟每商量定，取天下了呵，各分土地，共用富貴」的生意（《元典章》卷9《吏部三．投下》「改正投下達魯花赤」）。如今天下還未打下來，他搞的那套「儀文制度，遵用漢法」，或許可以安撫乃至激勵亡金統治區的那些漢人，但草原上的哥哥弟弟、叔叔伯伯，未見得肯服氣。其實，蒙古大帝國傳到成吉思汗的子孫輩手裡，愈來愈像一個家族成員合夥成立的股份公司，大汗就好像董事長兼任首席執行長（CEO），不該消極無為、坐吃山空，而是有義務把家族生意做大做強。所以，每任大汗登基，必發動一輪新的對外征服戰爭，以示威武不輸先皇，紅利人人有份。忽必烈自然也躲不過這一輪「任職考核」。

大元帝國的觸鬚還可向何方伸展？南宋前線已呈膠著狀態，再往南，安南、占城、緬國和爪哇，現在還鞭長莫及，西面和北面，是左右手蒙古宗王的傳統勢力範圍。老實說，忽必烈的選擇餘地實在不大，答案呼之欲出：對日本動手，可以說是一石二鳥。就算不能完全征服日本，在東亞地區故意製造緊張對抗態勢，也方便忽必烈把高麗更緊密地綁在自己的戰車上。

現在，這個現成答案，需要有人來告訴忽必烈。據說，這個主動為忽必烈分憂的人，是一個叫趙彝的高麗人。《元史．日本傳》載：

5　羅沙比著，趙清治譯，《忽必烈和他的世界帝國》，重慶出版社，2008年，頁73。

元世祖之至元二年，以高麗人趙彝等言日本國可通，擇可奉使者。

趙彝在《高麗史》中被歸入了《叛逆傳》。《高麗史》說他原名「趙藺如」，曾經當過和尚，後來還在高麗考上了進士，看來也小有才氣。他「叛逃」元朝後，外號叫「秀才」，「能解諸國語，出入帝所」。從趙秀才通曉多國外語，而且經常有見到忽必烈的機會這兩點看，這個高麗人大概是忽必烈身邊的一個「怯薛」人員。「怯薛」本來是成吉思汗組建的中央禁衛軍，在元朝逐漸蛻變成一個為皇室服役的機構。「怯薛」人員往往可以越過正規的政務機關，「乘間進說」，干預國家大事。從窩闊台時代開始，就有高麗降人投充「怯薛」。其實，趙彝大概不過是給忽必烈出出主意，讓他通過高麗給日本施壓，結果搞得高麗長年雞犬不寧，被後世的朝鮮史家寫入《叛逆傳》，也是咎由自取。

四、遍地黃金寶珠的「Zipangu」

除了從高麗奴才那裡了解到日本和高麗隔海相望，在決策遣使日本前，這個國家在忽必烈以及元朝朝野上下的心目中，究竟是個什麼形象呢？這個問題不好回答，筆者姑且一試。

研究者相信，著名的威尼斯旅行家馬可．波羅也做過忽必烈身邊的一個「怯薛」，忽必烈經常派他出使中國各地，甚至南海諸國。忽必烈有個小愛好，每當去各地出差的使臣回朝，他都要向他們打聽一些當地的「人情風俗」；馬可．波羅就非常善於搜集這類奇聞逸事，所以尤其得寵。（《馬可波羅行紀》第十五－十六章）在《馬可波羅行紀》中，有一段關於「Zipangu」島嶼的描述。一般認為，「Zipangu」就是「日本國」：

日本國是一島，在東方大海中，距陸一千五百哩。其島甚大，居民是偶像教徒，而自治其國。據有黃金，其數無限，蓋其所屬諸島有金，而地距陸甚遠，商人鮮至，所以金多無量，而不知何用。

此島君主宮上有一偉大奇蹟……其頂皆用精金為之……複次宮廷房室地鋪金磚，以代石板，一切窗櫳亦用精金，由是此宮之富無限，言之無人能信。

有紅鷓鴣甚多而其味甚美。亦饒有寶石、珍珠，珠色如薔薇，甚美而價甚巨，珠大而圓，與白珠之價等重。忽必烈汗聞此島廣有財富，謀取之。

馬可．波羅肯定未到過日本，並且他進入元代中國是一二七五年（至元十二年），也就是戰爭開打以後。不過，他的這段描述，大概得自當時亞歐大陸商貿圈中廣泛流傳的對日本物產的模糊印象。我們將之看作當時歐亞大陸（包括元朝）對島國日本的想像，大抵不致錯謬過甚。

這段描述有吸引蒙古人的地方嗎？顯然是有的。蒙古統治階級大概不會關心「紅鷓鴣」比起塞北八珍中的「天鵝炙」是不是更美味。但是，黃金和珍珠，這兩樣可是蒙古帝國內最受追捧的支付手段、流通手段和奢侈消費品。[6]

黃金這種流行歐亞的強勢貨幣，自不必言。珍珠是蒙古人用來裝飾婦女頭戴的「罟罟冠」、禮服乃至軍官虎符、聖旨詔書的主要奢侈品。蒙古貴族喜愛珍珠究竟到了什麼程度呢？

有個叫尚文的漢人，在河南行省做官的時候，恰巧遇上有西域商人進獻珍寶，售價「六十萬錠」，他的上司，某「省臣平章」（蒙古人）面有得色地向他誇耀：「這個見過沒？這叫押忽大珠，賣六十萬，不貴！」六十萬錠是個什麼概念呢？大概是元朝前期平均一年財政收入的五分之一。這顆大珠有沒有賣到六十萬錠，我們不知道。不過，對於如此珍寶，當時一座官員都傳看把玩，愛不釋手。尚文非常瞧不起，勉強問了一聲：「這玩意有啥用？」上司回答：「含之可不渴，熨面可使目有光。」看來是養生美容，效果俱佳。尚文只好發了一通「對天下百姓來說，糧食才是寶貝」云云的牢騷（《元史‧尚文傳》）。

或許，除了「蒙古帝國意識形態」和「合法化饑渴」，傳說中的「黃金之國」和薔薇珍珠，也是忽必烈決定不計代價逼迫日本臣服的理由之一吧。

除了《馬可波羅行紀》外，元朝後來糾集文化精英編修的《宋史》中的《日本傳》，也或多或少反映了當時人對日本的貧乏與破碎的印象。

這篇《日本傳》三分之二的內容，居然是距元朝兩百多年前一個日本僧人來華的相關事蹟，節錄了他帶來的一些日本國情資料。這個僧人叫奝然，九八四年（宋太宗雍熙元年）帶著五名弟子來華，請走了一些佛經和佛像，帶來了兩種介紹日本國情和地理的資料，即《王年代記》和《職員令》。

這兩種資料讓中國官修正史的《日本傳》走出了依靠傳說的時代，十分重要。然而，就拿《日本傳》節錄的六十四世天皇來說，最後一位，才數到九六九年至九八四年在位的圓融天皇。十三世紀的元朝人看這些，應該類似今天我們看十八世紀德川幕府的歷史一樣，充其量不過是學者專家案頭的消遣，有什麼實際作用？

資訊更新不及時也就罷了，奝然和尚的文字，又往往帶有強烈的文學意味和個人體驗色彩。

6　中國傳統文獻中也提到「倭國」盛產一種「如意寶珠，其色青，大如雞卵，夜則有光，雲魚眼睛也。」可見《馬可波羅行紀》的描述並非空穴來風。

他說，來的時候是「附商船之離岸，期魏闕於生涯，望落日而西行，十萬里之波濤難盡；顧信風而東別，數千重之山嶽易過」，又說回去的時候是「季夏解台州之纜，孟秋達本國之郊」。不辨航路與季風的古代書生看到這些，自然如墮五里霧中。宋元之交的大學者馬端臨——可算忽必烈的同時代人——就曾抱怨，那些個路途道裡的記載，一會「何其遠也」，一會「又何其近也」，讓人搞不清楚。

馬端臨撰寫的《文獻通考》，成書於一三〇七年（元成宗大德十一年）。其中的《四裔考》也有一篇日本的介紹，無非也是抄撮歷代正史的《倭國傳》和《日本傳》而成。讀來讀去，普通人怎麼也沒法把上面這些文字紀錄，同現代的民族史學敘述呈現的鎌倉日本聯繫起來。

讀史者看到這裡，不禁要感慨，一場太平洋戰爭下來，美國湧現了多少在日本研究領域開風氣之先的「日本通」，包括眾所熟知寫《菊花與劍》（*The Chrysanthemum and The Sword*）的露絲·潘乃德（Ruth Benedict）。而元世祖與日本兩次大戰，死傷十幾萬人，居然未能換來同時代絕大多數人對於日本的一點新認識，怪哉，怪哉！

倒也無須苛責古人。當時生活在元朝疆域內的絕大多數人都沒出過國、留過洋，既沒有今日的學校和公共圖書館可資利用，也不能便利地線上搜索，更沒有什麼人甘願捨棄「四書五經」中的「黃金屋」、「顏如玉」，專門搜集國外的情報資料。直到一八八七年（清光緒十三年），黃遵憲在《日本國志．敘》中還在批評：

以余觀日本士夫，類能讀中國之書，考中國之事，而中國士夫，好談古義，足己自封，於外事不屑措意。無論泰西，即日本與我僅隔一衣帶水，擊柝相聞，朝發可以夕至，亦視之若海外三神山，可望而不可即，若鄒衍之談九州，一似六合之外，荒誕不足議論也者，可不謂狹隘歟！

筆者這裡之所以仿效今天流行的形象學和傳媒學，研究一點忽必烈時代的日本印象，也想說明一點：忽必烈打算對日本出手的時候，面對著的實在是他並不怎麼了解的一個對手，即便這種資訊匱乏之因為後來多次遣使日本，有些許改善，仍然遠遠不夠。這對於兩次遠征和孤懸海外的十幾萬元朝官兵來說，可是致命的錯誤。

第三章

對手和幫手

一、兩個十一歲的箭術高手

忽必烈要面對的，究竟是什麼樣的對手呢？是鎌倉時代的日本。在這個時代，日本的政治權力樞紐，已經不在那些天皇，以及退了位、出了家還眷戀權勢的上皇、法皇，或者平安京（京都）的眾公卿、殿上人手裡，而是在鎌倉幕府。

幕府一詞是中國的舶來品，在日本指近衛大將軍的營陣之府。一一九二年（日本建久三年），後鳥羽天皇任命東國武士集團的首領源賴朝出任「征夷大將軍」，源氏設在鎌倉的政治機構也改稱幕府。這是個名義上擁戴天皇，實際由武士集團掌握實權的政權。到了忽必烈時代，鎌倉幕府的大將軍也已近似傀儡，最高權力旁落到外戚北條家族手中。北條家族內總攬大政的一系，稱為「得宗」家，世襲幕府「執權」的官職。「執權」，也就是代理幕府大將軍執政。

從一二七一年（元至元八年，日本龜山天皇文永八年）算的話，當時日本真正的「話事人」，是鎌倉幕府的第八代執權，年方二十的北條時宗。

北條時宗，是前任執權北條時賴的正妻所生的嫡子。儘管還有個異母兄長時輔，父親卻為時宗取名「相模太郎」（相模是北條氏的根據地），對他寄予極高的期望。關於時宗，正史說他「幼習射，蚤以能著」，是個早熟的天才。關於他，還有個很有名的故事。[1]

一二六一年（日本弘長元年），也就是忽必烈在大海那一頭登基稱帝的第二年，農曆四月二十五日，時任幕府大將軍的宗尊親王，在極樂寺舉行射藝大會，盛況空前，觀者如堵。到了快結束的時候，宗尊親王提出了個出人意料的要求：「傳說中的『小笠懸』，能不能讓我見識一下？」

在座的各位一聽都呆了。小笠懸（をがさがび）據說是在一根木棍頂端掛上一塊四寸見方的小木板，射手須在飛馳的馬背上射擊這個靶子，是一種難度很高的射箭項目。在如此高規格的典禮上，表演如此複雜的箭術，要是出了什麼醜，明天就該傳遍大街小巷。於是，平日一貫高調，自詡什麼關東養由基、西國薛仁貴的高手們，忽然噤若寒蟬，要不就是變得謙遜無比，藉口不熟悉小笠懸的禮儀，互相推讓，就是沒人敢站出來。

沒想到，第二件令人瞠目結舌的事情緊接著發生。北條時賴側過身，吩咐他的小兒子時宗說：「太郎，你去試試吧！」

時賴話音剛落，兩廂的客席立即傳出嗡嗡的私語聲。時宗恍若不聞，平靜地起身行禮，縱身上馬。在萬眾矚目之下，他一襲白衣，嫺熟地駕馭著一匹小白馬，緩緩進入跑馬場，接著，躍馬

1　事件梗概可以參見尾崎綱賀，《北條時宗と日蓮・蒙古襲來：末世・亂世・大難を生きる》，世界書院，2001年，頁49。

揚鞭，疾馳到長約百米的跑馬道中央，側身輕舒猿臂，引箭上弦，一發中的。靶子帶著深深沒入的羽箭，在空中翻滾了好幾圈才落地。

全場頓時一片寂靜。「漂亮！」宗尊親王拊掌大笑，接著，喝彩聲雷動。

上面的描述或許不無些許傳奇成分，不過，江戶時代的史家德川光圀，在《日本史記》中為時宗作傳時也老老實實提道：

弘長元年，宗尊觀射於極樂寺第，命小笠懸。眾皆以不諳射儀，辭焉。時賴召時宗命之，時宗騎而臨場，一發中的，時年十一。宗尊賞歎不已。時賴悅曰：「斯兒固有繼業之器！」

不論時宗平日裡箭術怎麼精湛，在這樣的大場面下能正常發揮，對稚氣未脫的少年來說，實屬不易。後來，在時宗去世後第三年忌日，無學祖元感歎他終年不滿四十，「成就功業，卻在七十歲人之上」，並且回憶起弘安四年，元朝大軍壓迫博多灣（「虜兵百萬在博多」），時宗也「略不經意」，談禪說法不輟。現在看來，北條時宗這種少年老成、「矯情鎮物」的氣度，頗有謝安淝水之戰前後的風範，在幼年時已見端倪。

極樂寺射藝大會舉行的當年，時宗才十一歲。每當看到這個故事，筆者總是會聯想到另外一位少年。

伊利汗國合贊時代的猶太醫生拉施德丁，寫了一部《史集》。這部書中的《成吉思合罕紀》提到，一二二四年，成吉思汗西征返回，快到自己的營帳時，一個皮膚黝黑的少年牽著他九歲的弟弟旭烈兀，掀開帳簾，歡笑著飛奔出來迎接祖父。

恰好，這位黑小子剛剛在一個叫「愛蠻—豁亦」的地方，完成了他獨自狩獵的首秀，射殺了一隻兔子，而弟弟旭烈兀射殺了一隻山羊。按照蒙古人的傳統習俗，小孩子的第一次狩獵，要舉行一個「拭指」儀式，給小獵手的大拇指塗上油脂。這時候，祖父成吉思汗親自給兩個滿面春風的小獵手「拭指」。讓全蒙古部落的戰神和偶像來主持自己的「成人禮」，哥哥雖然十分興奮，也只是「輕輕地抓住成吉思汗的大拇指」；弟弟旭烈兀卻十分緊張，「緊緊抓住他的大拇指」。老祖父忍痛不過，喊道：「這個壞蛋要把我的手指掐斷了！」

故事說到這裡，讀者自然能夠猜到，這個剛完成生平第一次狩獵的皮膚黝黑的少年，就是後來的元世祖忽必烈。這一年，據拉施德丁醫生說，忽必烈正好也是十一歲。

鐮倉的相模太郎，拖雷家族的黑小子，從這兩個小孩子幼年的事蹟就不難看出，他們都是冷靜縝密型的戰略家，好像命中註定要成為旗鼓相當的對手。

對忽必烈來說相當棘手的是，北條家的小兒已是如此難纏，他手下的那些人也不是什麼好對付的人。

二、「上首功」的武士國

鐮倉幕府，是源氏和北條氏先後把持國家大政的中樞，麻雀雖小五臟俱全，也設置了如「政所」（負責行政事務）「問注所」（負責司法事務）和「侍所」（負責軍事和警察事務）等各類機構。在地方上（「諸國」）則設立「守護」、「地頭」，分別負責地方治安和賦稅徵收。鐮倉幕府是個武士代理人政權，這些重要職務自然主要由各級武士首領占據，這些武士首領名為「御家人」。在御家人之下又有為數眾多的下級武士，包括一般的「侍」、「足輕」（步兵）、「郎黨」、「郎從」，一些大的寺院中還有「僧兵」。

幕府將軍（「鐮倉殿」）授予御家人「御恩」（土地俸祿），換取後者的「奉公」（御家人役），包括衛戍鐮倉、進貢馬匹、修繕御所、協辦祭典佛事等等；相似的，武士首領賜予下級武士領地和官職，以換取後者的軍事義務和其他效勞。這樣一種層層疊加的、主僕式的權利義務體制，很接近中世紀歐洲的「封建社會」。這個封建社會宣導的道德價值，首先是絕對忠於「主君」（將軍和武士首領）的忠孝，還有武勇、勤儉、重名分、尚氣節等等。

武士本來是脫離農業生產的一個武裝集團。鎌倉日本既然是個武士社會，我們不難理解，它必然同時是一個軍事參與率和軍事動員程度較高的社會，中下層人口掌握兵器和技擊的機會，遠高於後來元朝統治下的中國北方和江南地區。

平日裡，鎌倉武士就經常進行如「犬追物」（騎馬射擊奔跑的狗）、流鏑馬（騎馬射擊三個並列的箭靶）、「小笠懸」之類的箭術娛樂。日本藏的《正傳寺文書》記載：「蒙古人云，日本弓箭、兵杖武具，超勝他國。」或許是元朝老兵的親歷印象。忽必烈派遣出使日本的趙良弼，回來報告說：臣在日本逗留了快一年，「睹其民俗，狠勇嗜殺」。連平日不大出門的南宋遺民鄭思肖都知道：「倭中風土素蠻頑。」（《元賊謀取日本二絕．其二》）

相反，中國古代的大一統專制王朝，自秦王朝盡收天下之兵，在咸陽鑄了十二個金人以來，最害怕的莫過於百姓持有兵器，「習學槍、梃、弓、刀」，一而再再而三地嚴禁民間私藏兵器。元朝統一中國後，甚至連「鐵尺」、「骨朵」和「帶刀子拄棒」也當作兵器，要從民間「疾忙拘收者」（《元典章．禁遞鋪鐵尺手杖》）。所謂「帶刀子拄棒」，多半就是《水滸傳》裡頭盧俊義上梁山前，「取出樸刀，裝在杆棒上，三個丫兒扣牢了」的「樸刀」。「帶刀子拄棒」，雖然《武經總要》之類的兵書都不願意算作軍器，卻是綠林好漢最順手的傢伙。李逵戰李鬼、殺母大蟲，武松血濺鴛鴦樓，憑的都是一把樸刀。[2]元朝還規定，「遊手逐末」的遊民，學習捽跤和槍棒，官府查出來的話，師父和徒弟都要各打七十七下，「拜師錢物給告人充賞」，這樣，「庶幾恣悍之風不作，凶強之技不傳」。（《元典章·禁治習學槍棒》）

元朝與鐮倉日本武力的詳細對比，在後面的章節中我們還要一一探討，這裡只再勾勒幾筆鐮倉社會的風尚。我們不妨引用《平家物語》裡面一則著名的逸事。

在鐮倉幕府崛起之前，以源氏為首的東國武士集團和以平氏為首的西國武士集團打得你死我活。赫赫有名的《平家物語》，講的就是這一段「源平盛衰」的故事。在源平大戰中，有一場決定性戰役，叫作「須磨浦之戰」。源氏陣營中有個很普通的武士，來自武藏國，名叫熊谷次郎直實。當時熊谷追趕平氏一方的潰軍，直到海邊，看到一個衣甲鮮豔的武將。《平家物語》描述說：

> 那人今日的裝束是繡有仙鶴的直裰、上淺下深的淡綠鎧甲，頭盔上打著鍬形結，佩帶著鍍金的腰刀，背後插著鷹羽箭，手裡拿著纏藤的弓，騎的是圓斑灰毛駿馬，配著金飾的雕鞍。

總之，一看就是只肥鴨子。這武將已經棄馬下海，朝前方接應的船泅渡而去。熊谷眼看著煮熟的鴨子要飛了，急得在後面大吼大叫，向對方搦戰。沒想到，對方居然頗有傲氣，返身應戰，可惜又不是熊谷一合之敵，很快被擊倒在地。

熊谷按住他，照例要割取首級。揭開頭盔一看，「原來卻是個十六七歲的少年，稍加修飾，用鐵漿水把牙齒塗成了黑色，和自家的小次郎年齡相仿，容顏很是秀麗」。熊谷有點不好意思下手，於是說：「你到底是何人，報上名來，我可救你。」對方只肯說：「對你說來，我算得上是個像樣的對手，我不用通報姓名，你砍了首級去問吧，人們會認得出的。」

熊谷一想，此人和他小兒子差不多大，心有不忍，但扭頭一看，後面又追上來人數眾多的友軍。他一想，無論如何，自己不取首級，到底便宜了別人。於是熊谷邊「哭著取了這少年的首級」，邊感歎說：「唉，身為武士是最可憾的了，若不是生於武勇之家，哪能落得如此下場！我也只好狠一狠心，動手殺戮了。」後來，從熊谷帶走的武將身上的笛子才判斷出，少年是平家的公子，十七歲的平敦盛。據說熊谷次郎後來因良心譴責落髮入道，皈依佛門。

這是個看上去有點唯美的故事，很符合日本文學中「物哀」的審美情調，所以後來被改編為

---

2 王學泰，《遊民文化與中國社會》（增修版），山西人民出版社，2014年，頁249-250。

「能劇」。數百年後，日本戰國時代的織田信長，在生死存亡的桶狹間之戰前，獨自吟唱的《人間五十年》，就源自這個典故：

人間五十年，與天相比，不過渺小一物。看世事，夢幻似水。任人生一度，入滅隨即當前。此即為菩提之種，懊惱之情，滿懷於心胸。汝此刻即上京都，若見敦盛卿之首級！放眼天下，海天之內，豈有長生不滅者。

新渡戶稻造那本著名的《武士道》，也特意提到熊谷的故事，覺得是「把武士的最殘酷的武功，用溫柔、憐憫和仁愛來加以美化」。[3]不過，在冷眼旁觀者看來，「敦盛卿之首級」的悲劇並沒有多少「物哀」的美學，說到底，它只反映了壟斷暴力者對戰功和首級赤裸裸的狂熱追求。

鎌倉社會最低級的武士都明白這樣一個簡單道理：要得到「鎌倉殿」賞賜的土地和俸祿（「新恩給與」），就必須立下實實在在的戰功，而戰功的真憑實據，莫過於首級。

對戰功與敵人首級的狂熱追求，西方研究者稱之為武士的頭顱收集（head-collecting），[4]恰恰是元朝同日本兩次大戰的圖卷中濃墨重彩的一筆。當時流傳至今的史料中，有一大批所謂的「軍忠狀」，即戰功申報書，也就是武士們自己向鎌倉幕府上報的功勞簿，無非是說明自己某年某月某日在某地同蒙古人作戰，隨從戰死或負傷幾人，斬得首級若干，等等，最後還有被拉來做證人的其他武士的花押。武士竹崎季長請人畫的《蒙古襲來繪詞》裡面，還有一幅描述戰後「首實檢」的情景：在評定軍功的辦公室裡，地板上撇了兩顆「蒙古人」的腦袋。

在戰國時期，文質彬彬的齊魯君子，鄙夷西邊野蠻武勇的秦國，罵它是「棄禮義而上首功之國」。秦王的說客張儀也順勢恐嚇韓王：秦國人跟你們打仗，連盔甲都不屑於穿就衝過來了，左手提著血淋淋的人頭，右胳肢窩下還挾著只剩半口氣的俘虜（「捐甲徒裼以趨敵，左挈人頭，右挾生虜」），您說是否嚇人！老實說，鎌倉日本的武士們差不多也是這樣一群成天與「恣悍之風」、「凶強之技」打交道，打起仗來要爭著割人首級的狂人。在孤懸萬里之外的絕域，忽必烈的元朝大軍要面對的就是這樣一幫兇徒。

3 新渡戶稻造著，張俊彥譯，《武士道》，商務印書館，1993年，頁32-33。

4 Stephen Turnbull, *The Mongol Invasions of Japan 1274 and 1281*, Osprey Publishing, 2010, p.27.

三、高麗的親家和駙馬爺

忽必烈確實還有個加分項，那就是介乎中國和日本之間的「小邦」高麗。

高麗王氏政權始於九一八年（五代後梁貞明四年），王建定都開城，兼併新羅、百濟，結束了朝鮮史上的「三國時代」。王氏政權統一朝鮮半島長達三百年之久，歷經中國的五代、遼、宋、金數朝，大抵相安無事。

十三世紀初，蒙古帝國的勢力向東擴張，與金朝展開了多次大戰，在金朝統治下的遼東地區生活的「遼朝遺民」——契丹人趁機起來反抗女真統治，建立自己的地方政權，依違於蒙古和金朝之間，由此引發的戰火也燒過鴨綠江，燒到了高麗境內。一二一七年，契丹叛軍一度縱橫半個高麗疆域，兵鋒直達國都開城的宣義門，「焚黃橋而退，朝野大震」（《高麗史．崔忠獻傳》）。次年，成吉思汗派了兩個蒙古將領哈真、札剌進入高麗境內，肅清契丹叛軍。哈真和高麗軍隊的統帥金就礪一見如故，惺惺相惜，結為「安答」（兄弟），宴席中大碗飲酒，大塊吃肉。按照蒙古風俗，雪亮的刀尖刺著一塊滴著油的烤肉，遞到你眼皮子底下，你猶豫遲疑，不張口就咬，那就是瞧不起我（「蒙古之俗，好以銛刀刺肉，賓主相啖，往復不容瞥」），高麗人吃得心驚膽戰（「我軍士素號勇者，莫不有難色」），多虧金就礪、趙沖等將領壯著膽子，「跪起承迎甚熟」（李齊賢《益齋亂稿》卷6《金公行軍記》），才換來了與蒙古約和，允諾納貢的幾年太平日子。

這個「納貢」帶來的麻煩，實在出乎高麗人意料之外。蒙古人完全沒有漢唐君主那些個假惺惺的體面和客氣，不到四年，索貢的使臣就來了七撥，上至成吉思汗的「皇太弟」鐵木哥斡赤斤，下至各蒙古大臣，無不想從高麗這裡刮走一層油水。一二二三年，蒙古又藉口索貢使臣中途被暗殺，不但派大軍殘破高麗邊城，索要「好金銀、好珠子、水獺皮、鵝嵐好衣服」等等，否則就要大開殺戒，而且，他們開出的停戰價碼，高得令人不敢相信：

你與金銀、衣服，多合二萬匹馬駄來者，小合一萬匹馬駄來者。我底大軍離家多日，穿將來底衣服都壞了也。一百萬軍人衣服，你斟酌與來者。除別進外，真紫羅一萬匹你進呈將來底……王孫男孩兒一千底，公主、大王每等、郡主、進呈皇帝外，大官人每女孩兒亦與來者，你底太子、將領、大王、令子並大官人男孩兒要一千個，女孩兒亦是一千個，進呈皇帝做札也者。

《西遊記》裡小兒國的妖怪「國丈爺爺」，要取小兒心肝做藥引子，指望長生，才要一千一百一十一個孩兒；「蒙古爺爺」來了，開口就要三千個。再懦弱的政權，面對這樣空前絕後的勒索，也不好忍氣吞聲。何況，高麗王氏政權內部當時還是個武將跋扈的局面。

一一九六年，崔忠獻發動政變，用他的崔氏武人集團取代了李氏武人專政。崔忠獻在《高麗史》中的形象，和中國史書裡面描寫的跋扈權奸沒多大區別，「權傾人主，威震中外，人有違忤，立見誅戮」。更有甚者，因為樹敵太多，怕遭人暗算，高麗軍隊中的身體素質好、能打仗的，都被選到了崔家，充當他們父子的私兵。「官軍羸弱不可用」，而崔家的家丁「自左梗里至右梗里，作隊數重，連亙二三里」。契丹叛軍來犯之際，崔家擁兵自保，才造成了前面黃橋被焚、朝野震驚的鬧劇。

崔忠獻死後，武人政權的代表是他兒子崔怡。除了窮奢極欲不亞於其父，崔怡還是個很有幽默感的人物。崔怡上臺之後，高麗的文武百官要到他的私第中彙報政務，他「坐廳事受之，六品以下官，再拜堂下，伏地不敢仰視」，他還不滿足。聽說蒙古帝國中央官僚機構中執掌文書和行政大權的書記官，叫「必闍赤」，崔怡一時興起，在自己家裡也搞了一個「政房」，「選文士屬之，號曰『必闍赤』」，專門負責銓選官吏，高麗國王只有簽字批准的分兒。

一二三二年春天，正是在以崔怡為首的一干主戰派武人的慫恿之下，高麗王（高宗）帶著百官和百姓，遷都到了開城西南方向海上一個三面環水的小島——江華島。惹不起，還躲不起嗎？高麗人打算把戰爭拖下去。

從這一年開始直到一二七〇年，這近四十年中的蒙古和高麗的關係，大概可用兩個詞來概括，即「三十年抗戰」和「出水就陸」。「三十年抗戰」與本書主題關係不大，「出水就陸」則代表了元麗關係走向了一個新的階段。這對於忽必烈征日本，可謂至關重要。

「出水就陸」，無非是蒙古軟硬兼施，百般設法，誘使龜縮在江華島的高麗政權搬回到陸地上來。但是，這幾輪軍事和政治攻勢，只有到了一二五九年前後，蒙古和高麗都迎來了一波決定性的人事代謝，才真正有所起色。一二五七年，崔氏武人集團的第三代崔沆暴病而死，他的兒子崔竩不久也被刺殺。一二五九年五月，高宗去世。過了兩個月，大汗蒙哥在四川前線突然去世。

這一年，高麗太子王倎受高宗派遣，正在朝見蒙哥的半途中。聽聞現任大汗升天，便改道北上，正好和忽必烈相遇於金朝舊都汴梁。史稱王倎身穿盛服，「迎謁道左，眉目如畫，周旋可則」，風度令人傾倒。忽必烈對面相頗有研究，看人一向注重儀表，喜歡從臣子的「狀貌步趨」判斷其將來的成就，[5]一見之下，果然深得歡心。不久，王倎在忽必烈的支持下回國，在江華島繼位，是為高麗的元宗。

儘管高麗和蒙古斷斷續續打了快半個世紀交道，高麗最頂層的決策者，還沒有一個人親眼見

5　見《元史》中的《田忠良傳》、《康里脫脫傳》、《楊賽因不花傳》等。

過蒙古帝國的最高統治者，也沒有人親身考察過全盛時期蒙古的國力。元宗是具備這兩個條件的第一人。他深知，自己的這個彈丸之地，想要對抗如日中天的蒙古，無異於螳臂當車，不如駕著蒙古的東風，把自己旁落的大權多少收回來一點。所以，元宗登基以後，甘心冒著激怒權臣的風險，同忽必烈達成協議，按部就班從江華島回遷舊都。一二九六年（元至元六年，高麗元宗十年），江華島上發生了權臣林衍發動的未遂政變，反對遷都，逼迫元宗讓位給弟弟安慶公。第二年，江華島的守備部隊，也是原來武人政權的倚仗——三別抄軍，發生叛亂。這些動盪最終都在元朝的干預下，出現了有利於高麗王室的結局，進一步推動元宗向蒙古靠近。

一二七〇年（元至元七年，高麗元宗十一年），在江華島上躲藏了三十年的高麗朝廷，終於肯「出水就陸」，再度把自己置於北方蒙古重兵集群的監控之下。受命監督元宗搬家的蒙古軍，進入江華島後，將城池「一炬為焦土」（王惲《中堂事記》）。

元麗關係發生根本轉變的另一個標誌，是忽必烈應元宗的請求，把自己的女兒忽都魯揭里迷失公主，[6]下嫁給高麗世子王愖（也記為王諶），也就是後來的忠烈王。繼忽都魯揭里迷失之後，一共有八位蒙古公主許婚給了高麗王室歷代君主，對高麗政治影響巨大，這是後話。

歷史證明，王愖是比他父親元宗更加能屈能伸的政治家。在與忽必烈接觸的早期，他就表現出對蒙古風俗毫不排斥的姿態，一二七一年回國時，就已經「辮發胡服」。保守的高麗老人看了，「皆歎息，至有泣者」（《高麗史》卷28）。儘管和蒙古小公主的感情並不好，一二七四年，在大都完婚之後，王愖攜公主回國，百官郊迎，他仍然堅持穿著蒙古服飾（「戎服」），和公主肩並肩坐一輛車入城，將政治婚姻的價值利用到底。果然，首都父老額手相慶，「不圖百年鋒鏑之餘，復見太平之期」。（《高麗史》卷28）

家也搬了，婚也結了，雖然對蒙古老丈人派來的人還是要低眉順目，但至少不用看朝廷裡跋扈武人的臉色行事，老父親和新女婿心裡多少舒坦了一些。可是，對忽必烈來說，這其實只是個開始。既然做了大汗的駙馬（「古列干」），就必然要被綁在蒙古帝國的戰車上，做出點實質貢獻不可。這個「貢獻」，在忽必烈的詞典裡，有三個義項，叫作「出軍、助戰、轉糧」。

要是沒有高麗的親家和女婿，忽必烈遠征日本的雄圖，必然更加步履維艱。

四、東征軍駐高麗前進基地

幫著元朝對付日本，高麗顯然很不情願。

6　元朝後來封為齊國大長公主。

夾在元朝和日本兩大國之間，高麗王室的心態是十分複雜的。他們對於元朝，是又恨又怕。高麗上下已經認定，「蒙古於夷狄中最為凶悍」（《高麗史》卷103《趙沖傳》），以舉國之力，把這尊煞神伺候好，就謝天謝地。但是，對於這群來自北方草原的「野蠻人」，高麗人打心底裡是瞧不上的。有這麼個記載，說是一二五四年秋天，高宗的弟弟安慶公王淐，出使蒙古回國。他不敢直接去宮裡見高宗，先派人稟告，自己因為去了一趟蒙古人那裡，「久染腥膻之臭」，請過一夜再朝見。高宗回答說：自從你出發以後，我寢不安席，竟日求神拜佛，讓你平安歸來，好快點見面。你又沒有染病，怎麼能睡在外面？這樣吧，你把身上穿的衣服燒了，換一身衣服，趕緊來見。（「悉焚爾所著衣，更衣即來」）兩兄弟如此見面後，相對大哭（《高麗史》卷91）。

至於日本，向忽必烈進「讒言」的那個趙彝說得沒錯：比起元和南宋，高麗人對日本實情的了解，顯然高出不止一籌。正因為如此，他們心裡才跟明鏡似的：鎌倉幕府那些凶徒，豈是好隨便招惹的？

最能說明高麗忌憚日本的證據，莫過於這件事：屢受忽必烈逼迫，高宗只好派了一個叫潘阜的人，給「日本國王」和九州的「太宰府」各遞交了一封文書。給太宰府的書信裡說，蒙古實在太厲害了，不低頭不行（「大蒙古國強於天下，四方諸國無不賓服」），忽必烈讓我們來傳遞消息，不敢不遵（「其旨嚴切，固難違忤」），後面還來了這麼一句：

然念我國與貴國，敦睦已久，若一旦於不意中，與殊形異服之人，航海遂至，則貴國不能無嫌疑，茲用依違，未即裁稟。[7]

這活脫脫就是在表態：我倆向來井水不犯河水，突然有一天，我帶著一群奇裝異服的（蒙古）人，跑到您家門口來了，這真不能怪我們，您千萬多擔待著點！

事實證明，高麗王朝對日本的判斷是完全正確的。在忽必烈第一場遠征無疾而終以後，鎌倉幕府居然在全日本叫囂著要搞「異國征伐」，把戰爭打回去，首當其衝的正是高麗。

兩害相權取其輕。高麗人不得不為忽必烈做許多吃力不討好的事，包括供養元朝在高麗各地設置的屯田軍隊（第一批征日大軍的基幹部隊），給元朝使節帶路前往日本，甚至元宗親自給日本國王寫信勸諭，等等。其中最直接和最實際的則是給忽必烈未來的東征大軍造船和配備水手。

一二七四年（元至元十一年，高麗元宗十五年），在忽必烈的催促下，高麗任命了三個造船官：東南道都督使金方慶，全羅道都指揮使許珙，羅州道指揮使洪祿遒。這三個官員威逼利誘，在全羅道、慶尚道等地一共召募了三萬五百名夫役，帶著他們浩浩蕩蕩地奔赴造船廠。造船廠就

7　轉引自烏雲高娃，《元朝與高麗關係研究》，蘭州大學出版社，2012年，頁87。

建在高麗全州道的邊山和羅州道的天冠山，都是靠近海邊、幽深高峻的大山。根據池內巨宏引用的各種地理書，邊山是「峰巒盤回百餘里，重疊高大，岩谷深邃」，天冠山也是「極高險」，山中常年生長著數不清的參天大樹；歷朝修建宮室和舟船，在這兩座山裡伐木取材。[8]

按照元朝的要求，邊山造船廠和天冠山造船廠打造的戰船，是大船三百艘，拔都魯輕疾舟三百艘，汲水小舟三百艘。

大船又稱「千料舟」，是能載重一千石的運兵大船。宋朝有一種「海鶻船」，頭低尾高，前大後小，如鶻之形，可以削減橫向風對船體的推力，在近海航行和作戰。其中大者兩側各有五排櫓，載重千料，可乘坐百餘人。元朝要求的大船可能仿照了這種式樣。

拔都魯輕疾舟，誰也說不清楚是什麼。以今日眼光觀之，應該是用來搶灘登陸的衝鋒舟。由於日本海岸水深不等，大船不能直抵岸邊。儘管一開始敵人在登陸地點不大可能設置什麼防御工事，也得用衝鋒舟往返大船與灘頭，儘快將第一批戰鬥部隊送上岸，搶占立足陣地。「拔都魯」的蒙古語意思是勇士，蒙古軍隊裡有一種特種部隊，叫作「拔都軍」或者「八都魯軍」，是專門用來當前鋒、打硬仗的「死士」。由此可見，「拔都魯輕疾舟」大概是預計登陸可能遭到抵抗而設計的一種輕型戰鬥運兵兩用船，可能有點像中國傳統的艨艟、鬥艦，但體型偏小。[9]至於三百艘汲水小舟，不用說，是為大船提供補給的後勤船隊。

這是個勉強還算合理的艦隊配置。

造船命令一下，高麗全國都不得安寧，「驛騎絡繹，庶務繁劇，期限急迫，疾如雷電，民甚苦之」。為了不耽誤預定的作戰日程，總監督官金方慶提出，「造船若依蠻樣」，也就是南宋船的式樣，「則工費多，將不及期」。征得元朝的同意後，改為根據「本國船樣」，也就是按高麗船式樣建造。

過了半年，高麗專門派人向元朝的中書省報告：九百艘船隻已經打造完畢，當年六月十六日前，已經在金州（廣尚南道金海）停泊待命。萬事俱備，只欠東風。再過一個月，屯駐在高麗南部海軍重鎮——合浦港的東征軍，就要登船出海了。

8 池內宏，《元寇の新研究》，東洋文庫，1931年，頁120-124。

9 井上隆彥估計長約十五公尺。

第四章

沒有硝煙的戰場

一、趙良弼的最後心願

大明殿的金色正殿上，安靜得連自己的心跳聲彷彿都聽得見。新任祕書監、日本國信使的趙良弼微微抬起頭，望向御座上方那張熟悉而又陌生的面孔。「Chi yaqu xelebeü？」（卿還想說什麼？）忽必烈從老部下的態度中察覺到了什麼，出聲詢問。

那一天，是一二七〇年（至元七年）農曆十二月初一，趙良弼正式受命出使日本的日子。十二年後，趙良弼告別波詭雲譎的大都政壇，退隱懷孟，竟日流連別業，怡情山水。每值天氣清朗，他總會在近旁的一個碑亭前佇立良久，凝望失神。碑上字跡如新，彷彿昨日才新鐫上石。這時候，回想起那天自己不知從哪裡尋來的一股勇氣，他仍然深感慶倖。

這是趙良弼當時的回奏：

> 臣父兄四人，死事於金，乞命翰林臣文其碑，臣雖死絕域，無憾矣。（《元史·趙良弼傳》）

良弼出自女真人趙氏家族，世代在金朝做官。金末，蒙古大軍南下，良弼的父親、金朝威勝軍節度使趙慤，良弼的兄長趙良貴，還有子侄輩的趙讜、趙良材，都在保衛西北重鎮太原城的激戰中壯烈犧牲。殺人的自然是蒙古兵。即使趙良弼與忽必烈相識極早，當時忽必烈還只是一介藩王；即使蒙古與亡金的恩怨，早已不是什麼了不得的芥蒂，求一個蒙古皇帝批准立碑表彰抗蒙烈士，仍然是一件難於啟齒的事。更何況，自李璮叛亂以來，忽必烈對幾位昔日漢人謀士的寵信一日不如一日。尋求最合適的時機，為父兄立碑正名，聊慰忠魂，成了趙良弼十餘年顛沛流離的政治生涯中，最念念不忘的一件心事。

《元史．趙良弼傳》記載，當良弼看到忽必烈幾次遣使日本都無功而返，便主動請纓。忽必烈皺著眉頭說：「你一把年紀了，何必沒事找事？」（「帝憫其老，不許，良弼固請」）筆者實在找不出趙良弼不顧勸阻，非得冒萬里波濤，投身絕域的理由，只好將之歸於他的一片純孝。他等的就是忽必烈開口詢問他最後心願的那一刻。

數千年來，這一問，彷彿是個顛撲不破的慣例。

這是因為，數千年來，出使外國，從崇尚氣節與榮譽的兩漢以降，就不是一個特別能吸引人的任務。世代簪纓或世傳經學的家族子弟，可以藉著種種特權，「平流進取，坐至公卿」，而與那些殺機重重、迷霧籠罩的異國海島有緣的人，則多是懷有僥倖之念的寒士、冒險家或軍人。漢通西域之後，遊俠無賴和冒險家蜂擁而至，爭相要求出使外國。漢武帝笑顏逐開，不問出身，一概「予節」。這些人回來後，不免有些小過錯，武帝便順水推舟，都定個重罪，讓他們戴罪立功（「輒覆重按致重罪，以激怒令贖」），「使端無窮，而輕犯法」。這就根本不把他們當良家百姓看待（《史記．大宛列傳》）。遼代有一種刑罰，居然叫「罰使絕域」，更是將使節和流放犯等而視之了。

哪怕到了晚清，誰也都不願放著好好的京官不做，出使外國，因為大夥都覺得，這真是個危險的差事，「不是在路上海洋裡翻船淹死，就是到了外國被洋鬼子殺死或扣留。被派的人嘴裡感戴天恩，心裡暗暗叫苦歎晦氣」。一八六七年（同治六年），清廷第二次選派使節，副使滿人志剛，奉命到養心殿「叩謝聖主天恩」。慈禧太后首先要問一句：「汝有老親否？」志剛奏對：「奴才父母皆已去世。」錢鍾書點評說：「一問一對只兩句話，言外之意卻很豐富。出洋是九死一生的勾當，而中國『以孝治國』，主子少不了口頭照顧一下『父母在，不遠遊』的古訓。」[1]

歷朝歷代的統治者，如果放不下架子，使不出漢武帝那樣卑鄙的手段，就只好像忽必烈和慈禧一樣，臨行前免不了要口頭照顧一下出使者的孝心。在志剛，大概是表示，自己一身並無牽掛，亦不求什麼封贈誥命之類。趙良弼，卻抓住這個無比寶貴的機會，終於實現了自己背負多年的夙願。

趙良弼帶往日本太宰府的國書，後來被一些學者稱為元朝下達給鎌倉幕府的「最後通牒」。與此同時，蒙古駐紮在高麗北部的精銳部隊，在忽林失、王國昌、洪茶丘三名將領的統率下，也悄悄向南移動，護送趙良弼一行到達朝鮮半島南邊的金州，並以備戰態勢等待他平安返回。

這是忽必烈正式開戰前六次遣使招諭日本的第五次。

這六次遣使，實在是講述元日戰爭無法略過的一筆。在元朝士兵和鎌倉武士在今天日本福岡縣附近的海邊面對面廝殺之前，這兩個國家還打過兩場沒有硝煙的戰爭。這是第一場。

二、海邊的鬧劇

一二六六年（元至元三年，高麗元宗八年，日本文永三年）農曆八月，忽必烈向日本派出了第一個攜帶正式國書的招諭使團。正使名叫黑的，應該是位蒙古人；副使名叫殷弘，多半是個漢人或女真人。黑的等人攜帶的招諭日本文書是這些寫的：

1 錢鍾書，《漢譯第一首英語詩〈人生頌〉及有關二三事》，《七綴集》，三聯書店，2002年，頁149。

上天眷命，大蒙古國皇帝奉書日本國王：

朕惟自古小國之君，境土相接，尚務講信修睦。況我祖宗，受天明命，奄有區夏，遐方異域，畏威懷德者，不可悉數。朕即位之初，以高麗無辜之民久瘁鋒鏑，即令罷兵還其疆域，反其旄倪。高麗君臣感戴來朝，義雖君臣，歡若父子。計王之君臣亦已知之。高麗，朕之東藩也。日本密邇高麗，開國以來，亦時通中國，至於朕躬，而無一乘之使以通和好。尚恐王國知之未審，故特遣使持書，布告朕志，冀自今以往，通問結好，以相親睦。且聖人以四海為家，不相通好，豈一家之理哉。以至用兵，夫孰所好，王其圖之。

在這封探路信裡，忽必烈引古證今，援事析理，開導備至，若非隔海相望，不能暢所欲言，實則他還有好些心裡話想向「日本國王」吐露。然而，這樣一封煞費苦心的國書，卻因為一連串荒謬的事件，差點就進不了日本國境。

原來，忽必烈寄予厚望的黑的、殷弘使團，當年入冬就順利抵達高麗，並由高麗國王元宗派了一個叫宋君斐的人陪同出發去日本。一行人一路遊山玩水，來到高麗南部海邊的巨濟縣。那天清早，一向平靜的海上風雲突變。後來元宗在給忽必烈的報告中渲染說：

遙望對馬島，見大洋萬里，風濤蹴天（《高麗史》卷26）。

素來不慣舟船的北方人看見這番景象，無不心驚膽戰，想起此去就算不被大風吹至遙遠而陌生的異國海島，到了對面那個民俗頑獷之地也是九死一生。一些低級隨員還沒有從公費旅遊的美夢中回過神來，不禁抽泣出聲。大家異口同聲，要求原路返回。在場的誰都沒有發現，正使黑的大人的眼神中，一縷狡黠的光芒一閃而逝。

黑的、殷弘使團在巨濟海邊的那一幕，像極了漢和帝年間，受班超之托出使大秦（羅馬帝國）的甘英。據說甘大使到了安息西界，望見波斯灣白浪接天，一望無涯，安息的船夫又騙他說：「海水廣大，往來者逢善風，三月乃得度，若遇遲風，亦有二歲者」，而且「海中善使人思土戀慕，數有死亡者」。（《漢書．西域傳》）嚇得甘大使趕緊回來。

「黑格爾在某個地方說過，一切偉大的世界歷史事變和人物，可以說都出現兩次。他忘記補充一點：第一次是作為悲劇出現，第二次是作為鬧劇出現。」這是馬克思在《路易．波拿巴的霧月十八日》開篇的第一句話。如果說甘英出使大秦未果，還有些悲劇色彩的話，那麼，蒙古使團在巨濟島上的表現，就只能說是一齣鬧劇了，而且，還是有人故意安排導演的鬧劇。[2]

黑的這個蒙古人，從後來的種種事蹟看，是個老實本分的人。元初理學家許衡說，「國人」（蒙古人）都比較樸實，沒有漢人那麼多心眼，大概也是對的。這一齣「甘英使大秦」，黑的自己是唱不來的。那麼，這出劇是誰一手策畫的呢？此人居然是個高麗人。

三、李藏用導演戲中戲

事情要從一個月前說起。那年的十一月深秋，蒙古使團到達高麗政權的臨時避難所——江華島。一行人剛剛在簡陋的館驛中安頓下來，夜裡就有人神神祕祕地給正使黑的送來了一封信，信上題署「李藏用頓首」。看到這個名字，黑的登時心中一驚，即便他沒聽說過「李藏用」這個漢文名字，高麗國的「阿鑾蔑兒里干・李」可是如雷貫耳。

李藏用何許人也？他在高麗朝廷的一長串頭銜是「中書侍郎平章事，加太傅，判兵部事，太子太傅」，《高麗史》的《李藏用傳》評價他：「美風儀，性聰明」。這人博學多才，經史子集、陰陽天文醫術音樂無所不通，是元宗身邊的一個智囊，主要職責就是周旋於蒙古朝廷和高麗之間，化解矛盾，時不時打打太極、或是幫忙協商事務。

《李藏用傳》記載，有一次，李藏用陪同元宗入朝忽必烈。當時大都還有個投靠蒙古的高麗宗室，叫作永甯公王綧。王綧討好忽必烈說，高麗一共有三萬八千人的軍隊，打日本正好用得上。忽必烈授意自己的宰相——元初一代名臣——史天澤把李藏用叫到宰相官廳（中書省）當面詢問。誰知李藏用抵死不肯承認，說：「那是三百多年前我朝太祖時候的兵數，其實哪有那麼多人！您要不信，我甘願和王一起回去點數。如果王綧說得對，就砍了我的頭；如果我說得對，就砍了王綧的頭。」王綧站在旁邊，嚇得面色慘白，不敢吱聲。

史天澤不甘心，又問：「那你們高麗州郡戶口到底有多少？」李藏用想都沒想，乾脆回答：「不知道！」史丞相涵養雖好，也有點生氣了：「你是高麗國相，怎麼可能不知道？」李藏用抬手一指堂上的窗戶格子，問：「丞相以為凡幾個？」史天澤只好搖頭說不知道。李藏用喘了口氣說，「小國州郡戶口之數」，有專門官員負責清理登記，「雖宰相，焉能盡知？」懟得史天澤滿臉通紅。還有一次，他又在忽必烈御前和別人爭辯高麗沒有那麼多軍隊，還振振有詞：「皇上跟前我不跟你吵！」（「至尊前不當爭辯。」）氣得忽必烈大喊：「住口！別說了！」

---

2 旗田巍就直接將黑的使團畏風而回的一幕，稱為「芝居」（戲劇）。見旗田巍，《元寇——蒙古帝國の內部事情》，中央公論社，1965年，頁56。

《高麗史》記載，這麼一來二去，李藏用在蒙古朝廷得了個外號，叫「阿蠻蔑兒里干・李」。阿蠻，大概是蒙古語「口」（aman），蔑兒里干（mergen）是蒙古語「聰明能幹」，合起來就是說李藏用口齒伶俐，能言善辯。「阿蠻蔑兒里干・李」，就有點像「鐵齒銅牙李藏用」。李藏用潑辣而不失機智的風采，在大都還贏得了不少中國崇拜者，還有給他畫肖像相贈的（「至有寫真以禮者」）。

鐵齒銅牙的李藏用在給黑的的書信裡怎麼說？這封信有一多半內容，是在教黑的回去如何應對忽必烈。李藏用一開始就拿出一副換位思考、推心置腹的態度說：你帶的這封國書，當初不如不寫（「尺一之封，莫如不降之為得也」），日本歷來對中國就不曾「歲修職貢」，隋朝時還給中國天子寫信說，「日生處天子，致書於日沒處天子」，你看看多沒禮數！貴國這封信一到，換回來個「驕傲之答」、「不敬之詞」，大家面子上都不好看；如嚥不下這口氣，海上又天氣險惡，「非王師萬全之地」。你回去和大汗說，就這麼放著日本不管，「任其蚩蚩自活於相忘之域」，大家都好過。信裡另一小半內容，則是夾雜了些「阻海萬里」、「蜂蠆之毒」、「風濤艱險」等字句，打算搞點心理暗示，讓黑的自己也知難而退。

當天夜裡，黑的失眠了。他把這封信翻來覆去看了幾遍，左思右想，恁地不是這個理！兩人一來二去，於是有了前面巨濟海邊的那一幕。那是他們聯手導演的雙簧。

更離奇的是，在黑的一行人從海邊回來，半是忐忑半是慶幸，準備收拾行李回國的時候，又發生了一件戲劇性的事。《高麗史》說：

> 藏用度日本竟不至，將累我國，故密諭黑的，欲令轉聞，寢其事。王以其不告，疑有二心，即配靈興島。

另一個負責接待蒙古使團的高麗人潘阜也受到連累，流放「彩雲島」。據說，那天潘阜還在自己家請黑的喝茶閒聊，聯絡感情，突然遭到高麗武士「突入曳出」。黑的嚇了一跳，趕緊大聲呵止逮捕潘阜的官員，又趕去在元宗面前堅決替李藏用等人說情。

現代研究者多贊同《高麗史》的觀點，認為李藏用這些「辦洋務」的官員在中間自作主張，把忽必烈的使團哄回去，卻沒有稟告元宗，做得過分了，元宗懷疑他們「有二心」，才有此一舉。筆者卻非常疑心，潘阜家中這一幕，和巨濟海邊的那一幕，都是出自同一人之手。李藏用素稱「恭儉沉重」，這麼一個心思玲瓏、老謀深算、從不站錯隊的人，怎麼會不經過元宗的首肯而做出這麼大的事來？要抓潘阜這麼個小官，只需要下一紙詔書，讓他自縛投獄，又有什麼難？何須如此興師動眾。何況，為了避免蒙古外交官可能干預，更應該實施祕密抓捕，居然偏偏要趁黑的在的時候，堂而皇之逮人。若說其中沒有演戲的成分，筆者是不信的。

大概李藏用和元宗私底下合計，蒙古使團無功而返，萬一黑的口風不嚴，或者忽必烈識破了花招，天威一怒，元宗王位不保且不說，君臣性命都有危險。所以，這出「苦肉計」一是為了以辦案為藉口，先從黑的手裡把李藏用那封勸誘信弄回來，以免落人把柄；一是將來忽必烈追查下來，方便元宗撇清關係，劃清界限。有什麼過錯，底下「辦洋務」的幾個人承擔便是了。

這齣戲中戲，演得比海邊的還要成功。看看《高麗史》緊接著說了什麼：一看高麗武士破門而入，窮凶極惡，拽住涕泗交流、可憐兮兮的潘舍人的衣領，老實巴交的黑的不禁義憤填膺，馬上就把李藏用的信交給了高麗人（「乃還藏用書」），拍胸脯保證：「我若歸奏此書，幸而聽乎，天下之福也；如不之聽，於汝國亦有何罪？」結局自然是李、潘二人連流放島嶼的影子都沒見到，就「皆獲免」了。

忽必烈寄予厚望的第一次遣使日本，便以這樣戲劇性的方式落幕了。

四、大間諜登場

可是，無論元宗還是李藏用，甚至連黑的，都大大低估了忽必烈征伐日本的決心，也低估了老皇帝的智商和氣度。

黑的回國久，忽必烈就給元宗發了一通語氣嚴厲的訓斥信，說：高麗航海至日本，朝發而夕至，我不知道？高麗人在大都的又不止一兩個，「卿之計亦疏矣！」、「卿前後失言多矣！」、「宜自省焉！」你成天把「聖恩天大，誓欲報效」掛在嘴邊，何不拿出點實際行動來！（《高麗史》卷26）

無奈之下，一二六七年（元至元四年，高麗元宗八年，日本文永四年）冬天，元宗只好為潘阜加了個「禮部侍郎」的虛銜，派往日本。潘阜這次不僅攜帶了上次沒送到的忽必烈詔書，還帶著前面那封形容蒙古人為「殊形異服之人」的「道歉信」。鎌倉幕府把潘阜一行羈押在了太宰府五個月，「館待甚薄」，連封回信都沒有就打發回來了。

一二六八年，高麗人的老相識黑的、殷弘，又在高麗的申思佺等人引導下前往日本，剛到對馬島就被攔了下來，只好抓了那兩個漁民塔二郎、彌二郎回去交差。

一二六九年，高麗負責把從大都萬壽山遊玩回來的兩個日本漁民送回日本，同時派金有成向幕府遞交蒙古的牒文，依然無功而返。

就這樣，忽必烈耐著性子派出前後四撥使節，不用說臣服，甚至沒有換回幕府半個字的答覆。

正是在這個尷尬的時刻，趙良弼不失時機地出現了。

筆者懷疑，趙良弼這次出使日本，與前四次有著根本區別。一是忽必烈大概下了「期於必達」的命令，並且一定要得到日本方面的表態，此去艱苦非常；二是趙良弼大概還肩負著搜集開戰前的關鍵情報的任務，倍加兇險。只有如此，才能解釋他為什麼陛辭時提到「雖死絕域」這樣大不吉利的話，在日本又反覆以「斬首」、「自刎」相逼。

真正有意思的是趙良弼的後一個任務。其實，趙情報官做這種事，已經不是第一次了。在蒙哥死後的皇位爭奪中，為了保證蒙古軍在陝西的勢力不倒向阿里不哥，忽必烈就曾派良弼去當地「察訪秦蜀人情事宜」。趙良弼不到一個月就完成了任務，回來彙報當地各宗王和將領的兵力強弱、部署和思想動態，如數家珍，又附上了相應的對策，幫助新生的忽必烈政權順利安定了川陝地區：

宗王穆哥無他心，宜以西南六盤悉委屬之；渾都海屯軍六盤，士馬精強，咸思北歸，恐事有不意；紐璘總秦、川蒙古諸軍，多得秦、蜀民心，年少騺勇，輕去就，當寵以重職，疾解其兵柄；劉太平、霍魯懷，今行尚書省事，聲言辦集糧餉，陰有據秦、蜀志；百家奴、劉黑馬、汪惟正兄弟，蒙被德惠，俱悉心俟命。

趙良弼總能順利完成任務，自有一套看家本領。除了《元史》本傳誇他「明敏，多智略」，他出使日本前，還有人勸阻他的副手張鐸：趙公這人，不只專斷，還果於誅戮（「好權喜殺」），不好共事啊！（虞集《道園學古錄》卷11《題趙樊川與張侯手書》）。從這句話，多少能窺見趙情報官性格的另一個側面。大概只有這樣的人，對付油鹽不進的日本，才有些許勝算。

話說回來，以使者而兼間諜，在古代本是稀鬆平常的事，不必遮遮掩掩。《孫子兵法》的「六間」中，「生間」就是指活著回來報告的間諜，使節自然是其中一種。北宋的外派使節（「國信」），並不歸禮部管，而歸「專以兵機軍政為職」的樞密院（《文獻通考．職官考》），正是為了方便搜集軍事情報。中國古代較早且較著名的使節兼情報官，要數西漢的劉敬。劉邦打算進攻匈奴，匈奴人把良馬勁卒都藏起來，漢使前後去了好幾撥，看到的都是些老弱病殘，回來報喜：「匈奴易擊！」劉敬只去了一趟就識破了匈奴人的花招。這時，漢軍三十多萬已經出發了。劉邦自信滿滿，不理睬劉敬的諫言，給他關了禁閉，還罵他：「齊虜！以口舌得官，乃今妄言沮吾軍！」結果，劉邦果然中了冒頓單于的埋伏，被圍困在白登七天七夜。劉邦脫險以後，把那十幾個向他報喜的使者都殺了，封劉敬為關內侯（《漢書》卷43《酈陸朱劉叔孫傳》）。

確實，在那個沒有衛星、無人機和雷達站，只有靠肉眼搜集情報的時代，雇傭一些文化水準不高的人潛入敵境充當「細作」，這樣搜集來的情報，等級必然不高，哪裡比得上外交使節堂而皇之，可直達敵人的權力中樞？這些高級情報官憑藉洞察力搜集到的資訊，才是對決策影響巨大的關鍵情報。緊隨著這些使節腳後跟而來的，不是滿載禮物的駝隊，就是全副武裝的大軍。

古人對這些使節情報官的真正作用，自是心照不宣。派出使節的一方不用說，迎接使節的一方也往往要些小花招，混淆視聽，比如故意帶著使節走一條遠路，繞開某些關鍵地區。一些脾氣暴躁的使節，走了上千里冤枉路，不禁要破口大罵。北宋的閻詢出使契丹，接伴使王惠帶著由松亭迂路前往靴淀。閻詢大聲質問對方：「豈非誇大國地廣以相欺邪？」

蒙古人生存的那個世界，使節自然也兼職間諜。法王路易的使節魯布魯克（Rubruquis）回憶說，他親耳聽見蒙古大汗對一個使節說：「認真觀察道路、國土、人物和他們的兵力。」元太宗窩闊台在打金國之前，就派了一個名叫速哥的蒙古人出使，臨行前對他說：「即不還，子孫無憂不富貴也！」負責接待的金國官員把速哥「閉之舟中，七日始登南岸，又三旬乃達汴」，就差沒拿布條蒙上眼睛，仍然被他打探清楚了沿路的「地理厄塞、城郭人民之強弱」。後來，蒙古軍渡黃河遭到金兵阻截的時候，正是速哥導引他們「乘陣西策馬涉河」（《元史》卷124《速哥傳》）這一幕，在元朝征日本的戰爭中重新上演。

五、上智為間

一二七〇年（至元七年）農曆十二月初一日，趙良弼從忽必烈手中接過的，就是上面這樣一個極度危險的雙重使命。古代的兵家提倡用有大智慧的人來刺探情報，「昔殷之興也，伊摯在夏；周之興也，呂牙在殷。故明君賢將，能以上智為間者，必成大功。」（《孫子兵法．用間》）說那些大政治家如伊尹、薑子牙都在敵國做過間諜，或許只是惡意的揣測，趙良弼倒確實是忽必烈的「上智」，至於能不能「成大功」，我們且拭目以待。

趙良弼的「上智」，從奉命出使的當天就表現出來。當時忽必烈擔心趙良弼的安全，打算派三千軍隊給他當護衛（「給兵三千以從」），良弼堅決推辭。如果出使順利，帶著這麼多幫閒打手，反而壞事；果真遇到不測，三千名士兵在敵人的地盤上又無異於杯水車薪。光是看這一點，他就比後來的廉希賢高明許多。五年後，元朝大舉南下攻宋的戰爭打到一半的時候，忽必烈派廉希賢出使南宋朝廷。廉希賢到了元軍在前線的總指揮部建康，求大帥伯顏派些軍隊護送他們經過交戰區。伯顏勸他：「行人以言不以兵，兵多，徒為累使事。」廉希賢固執不聽，結果走到獨松關的時候，一行人被南宋守將殺得乾乾淨淨。

當然，趙良弼也十分清楚，單槍匹馬顯然難以完成情報搜集的重任。所以，他精心挑選了二十四名使團隨員。路過高麗後，這個使團的規模擴充到了百人左右，足以有所作為。從這一點看，趙良弼也比後來的王積翁高明。十四年後，忽必烈又派遣南宋降人王積翁同一個叫如智的禪僧前去招諭日本。這兩人輕裝單舸，準備了些佛經佛像當見面禮，便率爾從慶元港出海，還沒望到日本海岸，半道就被不願意去日本冒險的船夫給殺了，拋屍大海。過了很久，元朝才知悉他們的遭遇。

一二七一年（元至元八年，日本文永八年）農曆九月十九日，趙良弼使團在日本築前國今津（《元史》作「金津」）登岸，只在日本方面的史書《五代帝王物語》中留下了「異國人趙良弼以百餘人來朝」的簡單紀錄。此後他們在日本的活動，《元史．日本傳》留下了詳細記載，依據的顯然只是趙良弼回國後的一面之詞：

舟至金津島，其國人望見使舟，欲舉刃來攻，良弼舍舟登岸喻旨。金津守延入板屋，以兵環之，滅燭大噪，良弼凝然自若。天明，其國太宰府官陳兵四山，問使者來狀。良弼數其不恭罪，仍喻以禮意。太宰官愧服，求國書。良弼曰：「必見汝國王，始授之。」……索書不已，詰難往復數四，至以兵脅良弼。良弼終不與，但頗錄本示之。後又聲言：大將軍以兵十萬來求書。良弼曰：「不見汝國王，寧持我首去，書不可得也」。

從上岸差點就和當地人發生火拼，到月黑風高夜，今津守派人在使團下榻的木屋外「滅燭大噪」，再到清晨起來忽然發現四面山頭都站滿了背著小旗、殺氣騰騰的日本兵，使團在日本的冒險不可謂不驚險刺激。其實，一切無非是為了襯托趙良弼「凝然自若」、置生死於度外的膽氣——元人寫的墓碑更是讚揚他夜裡「投床大鼾，恬若不聞」。

至於趙良弼以「不恭罪」，當面指責日本「太宰府官」，對方「愧服」，也只能看作元朝一廂情願的想法。在古代中國，大凡這類涉外記載，免不了要刻意貶低一下對方，照顧一下我方脆弱的自尊。就像英使馬戛爾尼帶來的國書，起首明明把英王喬治三世寫成「最神聖的陛下，上帝青睞的大不列顛、愛爾蘭和法蘭西之王，四海的霸主，信仰的守護者」，遞到乾隆皇帝眼前，就成了「英咭唎國王熱沃爾日敬奏，中國大皇帝萬萬歲……恭維大皇帝萬萬歲，應該坐殿萬萬年」。[3]我們完全可以原諒趙良弼這點微不足道的虛榮。

趙良弼見到的這個「太宰府官」，叫作少貳武藤資能，是後來日本兩大抗元名將的父親。少貳資能好幾次向趙良弼索要國書原本，良弼堅持不給，甚至放言：如果強奪，便「自刎於

3　王宏志，《馬戛爾尼使華的翻譯問題》，中研院《近代史研究所集刊》第63期，頁130。

此」。[4] 綜合日本的《吉續記》等零星記載看，倒確有其事，並非事後吹牛。雖然這些話多是做做樣子——並未像出使匈奴的蘇武那樣，真個「引佩刀自刺」、「氣絕半日復息」——日本人也拿他沒有辦法。

由於鎌倉幕府毫不妥協，趙良弼使團也沒有取得什麼新的外交進展。使團滯留日本的光陰，倒不是每天都寢食不安、劍拔弩張。當代的研究者還發現了趙良弼和築前國禪僧南浦紹明的詩文酬唱，和尚奉承他是「外國高人來日本，相逢談笑露真機」。（《圓通大應國師語錄》卷下《偈頌》）[5] 平安無事過了春節，一二七二年正月，趙良弼從對馬島出發，帶著元朝和幕府均不承認的「偽日本使」彌四郎等十二人回到高麗。他先派自己的副手張鐸回大都報告出使情況，自己卻留在高麗。這已是變相承認：外交使命失敗。

同年十二月，趙良弼和張鐸再次從高麗出發，前往日本。這一次，趙良弼在日本太宰府滯留了大半年時間。在這段時間裡，他想了什麼，做了什麼，不曾留下任何記載。今天我們只知道，《元史·世祖本紀》記載，一二七三年六月，當趙良弼最終回到大都謁見忽必烈時，「具以日本君臣爵號、州郡名數、風俗土宜來上」。

不難想像，那天或許是個略微悶熱的夏日，忽必烈沒有在大明殿的正殿，而是在一側的香閣接見了趙良弼。良弼剛剛走進香閣，便感受到了其中的緊張氣氛，因為，整個元朝的決策中樞，除了侍立在御座前方的大怯薛長外，中書省的一眾宰執，樞密院知院以下的高級機要官員，都悉數在兩側列席。

忽必烈放下手中的紙卷，那是趙良弼回來後把自己關在書房裡整整一個月寫出的出使日本報告書。不過，報告書只是情報綜述，所謂「君臣爵號、州郡名數、風俗土宜」。忽必烈現在要的，是一個最終的結論或者預判（prognosis）。

老皇帝意味深長地看了他一眼，沒說話。這一眼，良弼心中雪亮，這是要一個肯定性的結論，因為朝中，特別是在漢人儒臣當中，反對出兵日本的聲音一直不曾沉寂。然而，《元史·日本傳》記載，良弼卻說：

> 臣居日本歲餘，睹其民俗，狠勇嗜殺，不知有父子之親、上下之禮。其地多山水，無耕桑之利，得其人不可役，得其地不加富。況舟師渡海，海風無期，禍害莫測。是謂以有用之民力，填無窮之巨壑也。臣謂勿擊便。

---

4 良弼以「自刎」相威脅，見他在太宰府給鎌倉將軍和天皇的書狀，《鎌倉遺文》卷14，10884號文書。轉引自烏雲高娃，《元朝與高麗關係研究》，頁100。

5 轉引自於磊，《〈元史·日本傳〉會注》，《元史及民族與邊疆研究集刊》第31輯，2016年，頁150。

這就是元朝東征軍在合浦港登船出海前，元朝高層獲得的最後一份真正的宏觀戰略情報。但是，趙良弼最想說的那句話：「最好不要出兵」（「勿擊便」），忽必烈一丁點也沒有聽進去。

第五章

隔海的較量

一、大黑天神對陣「二十二社」

一二七四年（元至元十一年，日本後宇多天皇文永十一年）農曆九月的一天傍晚，在五臺山最深處，峰巒明晦之間，有一座重兵層層圍守的佛寺。寺中的天王殿上，煙氣繚繞，琉璃燈盞中火光搖曳。數百名身穿紅色僧袍、頭戴高帽的西番和尚，正結跏趺坐閉目祈禱。其中有人手持數珠，更多的則是持著形狀千奇百怪的法器，口中念念有詞。精通梵文的人如在一旁偷聽，或許不難明白他們口誦密咒的大意：「黑色短身大威雄，制服暴惡右勾刀。嗔怒足踏地震動，怖畏哮吼摧須彌」，云云。

這百餘名番僧，分五色方位圍坐成一個奇特且複雜的陣形，在中央，卻不是寶相莊嚴、慈眉善目的佛菩薩像，而是一尊「青面裸形」的神像，只見它「右手擎一裸血小兒，赤雙足，踏一裸形婦人，頸環小兒骷髏數枚」（鄭思肖《心史．大義略敘》），猙獰可怖。

這尊憤怒的神像面向東方。這個方向的萬里之外，就是元朝大軍即將踏上的那個島嶼。這正是忽必烈為即將從高麗合浦出發的東征軍舉行的祕密佛事，持續七日七夜。

祕密佛事供奉的這尊神祇，名叫摩訶葛剌（Mahākāla），在藏文中又叫「大黑天」，是藏傳佛教的護法神。經西夏傳入蒙古後，從成吉思汗時代起，蒙古軍遠征四海，便常在大黑天跟前舉行戰禱，祈求勝利。進攻南宋前，忽必烈命令來自尼泊爾的巧匠阿尼哥塑造大黑天神像，請求帝師八思巴向大黑天祈福（《漢藏史集》）。南宋的護國戰神，披髮仗劍、腳踏龜蛇、斬妖除魔無往不利的武當真武大帝，據說就敗在了這個「黑煞」之手，狼狽逃脫。傳說在元兵圍攻襄陽之時，城內居民祈求真武保佑，結果得到的神諭卻是：「有大黑神領兵西北方來，吾亦當避。」元軍一路勢如破竹，橫罹兵災的南宋百姓還常見「黑神出入其家」（《佛祖歷代通載》卷22）。後來，南宋的小皇帝被俘北上，路過大黑天的神廟，驚訝地說：「我們軍隊見到的大黑人原來就在這裡！」

法力無邊，連真武也要忌憚三分的大黑天跨過波濤東來，上前迎戰的自然是日本列島的護國神佛們。如前所述，在兩軍明刀明槍、喋血海岸之前，元朝和日本已經打了兩場沒有硝煙的戰爭。這正是第二場。

日本一方，不算上佛教一系動輒以億萬計的諸梵天王，根據《古事記》、《日本書紀》，單單本土神道也有「八十萬神」、「八百萬神」。所以日本這邊不僅陣容龐大，有人數上的倚仗，而且準備充分，下手極早。

早在傳聞蒙古人要來的時候，日本的公家（朝廷）和武家（幕府），就著手在京都、鎌倉和日本各地舉行所謂的「敵國降伏之祈禱」。祈禱場所主要是皇宮，京都公卿、將軍和幕府執權的御所，還有所謂的「二十二社」（伊勢大神宮、石清水八幡宮、賀茂下上社等神社）以及「七陵」、「八陵」（神功皇后以下的古代天皇山陵）。

一二七一年（元至元八年，日本文永八年）十月二十五日，攜帶「最後通牒」的趙良弼使團剛剛踏上日本國土，現任天皇的哥哥後深草上皇，就親自跑到供奉武神的石清水八幡宮，祈禱「異國降伏」。這年十一月，號稱「日本佛教之母山」的比叡山延曆寺，在座主澄覺和尚的主持下，在總持院的真言堂修「盛熾光法」，歷時七日七夜。

一二七四年十月末，元軍來襲的急報自鎮西抵達京都後，朝廷馬上就向八陵派出了敕使，龜山上皇親自向諸陵奉獻「御告文」，祈禱「異賊之降伏」，隨後又向十六社進獻了幣帛等祭品。同年十一月，比叡山延曆寺又舉行了一連串法事，名字聽起來都非常厲害，有「金輪法」、「尊勝法」、「四天王法」等等，祈禱「異國降伏」。

還有一些禪宗的高僧大德，不待朝廷動員，就自覺加入祈求日本各大明王、武神擊敗外敵的行列中。山城國正傳寺的住持東岩慧安，曾在南宋留學。元至元七年和八年，慧安連續兩次向八幡大神獻上了措辭激烈的蒙古降伏祈願文，其中說道：

> 此是如意摩尼寶珠，此是金剛吹毛利劍。乾坤之中，何物能降？設三目八臂大那羅延遍滿三千大千世界，亦能摧破不肖，何況蒙古？譬如以獅敵貓……[1]

說到底，同忽必烈請西番和尚念的那一套並無二致。

或許是天照大神、八幡大神和大黑天暫時還難分勝負，又或許高高在上的神佛，畢竟不能如荷馬史詩《伊利亞特》中的希臘諸神，從奧林匹斯山下來親自加入雙方陣營中搏殺，仗還是得要凡夫俗子自己來打。我們且把目光從雲端的較量轉向地面，看看兩軍的首發陣容。

二、七拼八湊的東征軍

根據日本學者竹內榮喜（陸軍少將）和池內宏的考證，一二七四年（元至元十一年，日本文永十一年，高麗元宗十五年）農曆十月初三，在合浦港集結登船的元朝東征軍，總兵力一共是三二三〇〇人，大小艦船九百艘。其中，戰鬥兵員二五六〇〇人，外加高麗的梢公、水手六七〇〇人。

兩萬多人的戰力，大致可分為兩大集團。一是元朝的蒙漢諸軍，共二萬人。其中，四五〇〇來自元朝設在高麗海西道的屯田經略司部隊，五百人是洪茶丘的直屬部隊。為了充實這股兵力，

1 相田二郎，《蒙古襲來の研究》，吉川弘文館，1982年，頁60、86、90-91。

在南宋前線已經捉襟見肘的忽必烈，忍痛從國內抽調了一批屯田軍、女真軍和水軍，共一萬五千人。另一集團是高麗將領金方慶等人統領的五六〇〇名（一說八萬）高麗軍。

蒙漢諸軍是東征的主力部隊，然而戰鬥力委實難以準確評估。

原屬忻都的四五〇〇人中，一部分是四年前就被派到高麗從事軍屯的「中衛軍」。中衛（中翼侍衛親軍）是元朝中央的禁衛軍，原有左右兩翼，後改編為左、中、右三衛。侍衛親軍本是忽必烈即位後，從各地軍隊陸續抽調的「富強才勇」、「丁力壯銳」的士兵組成的，因此，這部分軍隊的戰鬥力應是不錯的，但不會超過二千人。

這四五〇〇人中，應該還有一部分蒙古軍。否則，按慣例，史籍不會將這支軍隊稱為「蒙漢軍」。《元史·本紀》記載，一二七四年農曆十一月，也就是第一次東征結束後，忽必烈下令「召征日本忽敦、忽察、劉復亨、三沒合等赴闕」。前三人都是東征元帥府的長官，三沒合（Samuqa）可能是一個蒙古千戶長。阿里不哥之亂後，縱橫歐亞的草原蒙古軍隊，有過半歸附忽必烈。一二七四年秋天，這些精銳的蒙古千戶，大都分散在漠北、西北和南方江淮前線，參與東征日本的蒙古軍不會太多。南宋人讚歎蒙古軍的騎射「疾如飆至，勁如山壓，左旋右折如飛翼，故能左顧而射右，不特抹鞦[2]而已」，並且機動力極強，「百騎環繞，可裹萬眾；千騎分張，可盈百里」。（彭大雅、徐霆《黑韃事略》）這畢竟是一支人數雖少，但經驗豐富、實力強悍的野戰軍。

元軍中另一支來歷分明的部隊，是原南宋襄陽守將呂文煥下屬的「生券軍」。口券是南宋發放給出戍軍隊的錢糧領取單據，分生、熟兩種。襄陽生券軍就是外地調來協防襄陽的部隊，不同於領取熟券的本地軍隊。兩年前，襄陽開城投降，被俘的熟券軍大多就地安置，生券軍經過挑選，仍未婚娶的青壯年士兵被送往大都聽候處分。正為兵力不足發愁的忽必烈靈機一動，「釋其械系，免死罪」，讓他們自立部伍，發給甲仗，發配去遙遠的高麗，「俾征日本」。

為了讓這些「南方蠻子」安心打仗，忽必烈特意囑咐樞密院給他們發了一筆錢，還派人到高麗搜刮女子給他們當老婆。這個使者在《高麗史》中被稱為「蠻子媒聘使」，到了高麗，開口先要「無夫婦女一百四十名」，督辦甚急。高麗朝廷被逼不過，只好專門設了一個叫「結婚都監」的官職，帶人在大街小巷，「窮搜閭井獨女，逆賊之妻，僧人之女」。好不容易湊夠了數，每人發給十二匹絹的嫁妝，就送入軍營。這些苦命的女子被元朝士兵馱在馬背上北還的那一日，回望故土，「哭聲震天，觀者莫不淒唏」。（《高麗史》元宗十五年）忽必烈從國內新調來的一萬多名援軍，其中很多當是這些或新婚宴爾、或翹首以盼的南宋歸附軍。

2　指回身向後射。

這樣一支七拼八湊的「蒙漢諸軍」，有日本學者評價是「以百戰磨煉的純蒙古人為中堅，糾合今日滿洲和遼西方面的中國北方民族編成的」精銳之師，[3]未免有望文生義、自抬身價之嫌。不過，客觀地說，這樣一支軍隊的戰鬥力，依然十分值得鎌倉幕府正視。

三、諸公碌碌皆餘子

軍隊七拼八湊，是那個動盪年代的常事。真正詭異的是這支軍隊的將帥組合。為了出兵日本，元朝專門組建了征東都元帥府。這個機構的主官——征東都元帥，理所當然是元朝—高麗聯軍的總司令官，他的兩個副手分別是右副元帥洪茶丘（高麗人）、左副元帥劉復亨（漢人）。

然而，就是這個總司令、都元帥，在《高麗史》和《元史》中，一會寫作「忻都」，一會寫作「忽敦」，如同玩笑。若是一人二名，同一篇史料，而且前後間隔不遠，不應出現異寫。何況，忻都之忻（qin）與忽敦之忽（qu），母音發音在蒙古語中舌位和唇形區別甚大，忻都這個名字，在當時能譯寫為忽敦的可能性幾乎為零。若是兩人，卻未見任何史料做過交代，為何出征前三個月，忻都還好好的當著征東都元帥，臨行之際忽然搖身一變，成了忽敦？真個撲朔迷離。

自池內宏的《元寇之新研究》迄今，懶得追究的研究者，乾脆把他們當成一人。李則芬對忻都和忽敦名下的事蹟做了梳理，發現存在不少分歧，基本可以肯定他們是兩人。李則芬推測，大概因為出兵當年，高麗的元宗突然逝世，忠烈王即位。新國王比較親蒙古，招國人嫉恨。長期負責高麗統戰工作的忻都不得不鎮守王京，防範意外。於是，東征軍的主帥也就臨時換成了忽敦。[4]本書信從李則芬之說。

忻都在《高麗史》中素稱「長者」，是個老成幹練的蒙古政客；臨危受命的忽敦，卻很可能是經驗不足、能力平庸之輩。不管他倆誰出任總司令，都沒有統率萬人以上的大兵團進行聯合作戰的經驗。蒙元開國之際，將星璀璨，戰功紀錄也最豐富，可這位忽敦，硬是籍籍無名。如果不仔細，我們差點像池內宏一樣，給他來了個「忻都（忽敦）」的待遇，簡化成了別人名字後邊括弧裡的兩個符號。所以，我們完全有理由質疑一下他的軍事業務水準。

按照慣例，大兵團之下轄有蒙古軍，元朝一般要任命蒙古人當主帥，即所謂首帥，同時任命有才幹的漢人將領輔佐。所以，主帥無能，不一定有什麼大毛病，只要他是聖上信任的（「上位

3　竹內榮喜，《元寇の研究》，雄山閣，1931年，頁10。

4　李則芬，《元史新講》（二），臺北：黎明文化事業公司，1989年，頁141-142。

知識者」），可靠就行。然而，右副元帥高麗人洪茶丘，當年三十出頭，此前只參加過一些平定三別抄叛亂的小規模戰鬥。他的祖父洪大宣和父親洪福源，在成吉思汗時代就投靠了蒙古人，此後一直為之賣命征服本國。後來，洪福源由於王綧的陷害，被蒙哥處死，忽必烈即位後才得到平反。因此，洪茶丘對高麗王室可謂恨入骨髓，凡可以給高麗添亂的事，無不為之。讓他出任第一副司令，更多是看中他熟悉本地情況，可牽制高麗軍的一舉一動。

倒是左副元帥劉復亨，出身將門，早歲從軍，承襲了父親劉通的千戶職位，征戰四川、漠北、山東等地，調往高麗之前，是元朝侍衛親軍系統的右衛都指揮使。著名的耶律楚材有一首七律《送門人劉復亨征蜀》，詩中以「誤爾儒冠好投筆，過人勳業好加鞭」相勉勵（《湛然居士文集》卷14）。這首詩寫於一二三六年，從這一年算起，劉復亨的戎馬生涯長達四十年。三萬征東大軍的組織協調、排兵布陣，這類重任多半要落在這位年逾半百的老將肩上。老劉頭在這場戰爭中的遭遇對戰局的影響，可是他自己做夢也想不到的。

東征軍中的高麗友軍，分為左中右三支兵馬，號稱「三翼軍」。中軍統帥是都督使金方慶，金侁和金文庇分任左軍使、右軍使。前些年為出使日本鞍前馬後幹了不少苦差事的潘舍人，可能因為到過日本，這次也被捎上，當了個右軍副使。

和忽敦等幾個小角色相比，高麗軍的主將金方慶就顯得鶴立雞群。自然，這也歸功於朝鮮史家給他作了一篇實實在在的佳傳。《高麗史》的《金方慶傳》一開篇，就不是人臣的傳記該有的樣子：據說他母親懷他的時候，就經常夢到吞食雲霞，還敢到處告訴人：「雲氣常在吾口鼻，兒必神仙中來。」小方慶耍脾氣的時候，就乾脆往大街上一躺，邊號啕邊打滾，「牛馬為之避，人異之」。簡直和古代高句麗的始祖朱蒙差不多了。據說朱蒙是一個鳥蛋裡生出來的，扶餘王很害怕，「棄之與犬豖，皆不食；棄於路，牛馬避之」。（《三國史記》卷13《高句麗本紀》）

這個出生就有異象的小孩，後來長成了沉默寡言、忠厚耿直的漢子。任監察御史的時候，金方慶監管朝廷的右倉，一下子斷了貪污受賄者的門路，有人就向當權者誣告他：「今御史不如前御史奉公。」金方慶挨了領導一頓罵，理直氣壯地反駁：要和前任御史一樣，不是不可以，但我要為朝廷充實國庫，「不能調眾口」。高麗朝廷避難江華島，條件艱苦，「患難見真情」。元宗的禁衛軍一看權臣崔怡財大氣粗，紛紛都擅自脫崗，去崔家吃香喝辣，「宿衛甚懈」。老金當時調入禁衛，任「牽龍行首」，看不慣這些人的勢利，所以不管颳風下雨，天天披掛整齊，在宮外執勤，得了病也硬挺著不請假。

後來，金方慶官位更高，脾氣也更倔了。一二六三年（元中統四年，高麗元宗四年），老金升任「知御史台事」。當時有個權臣叫俞千遇，炙手可熱，人皆趨附。老金在路上迎面遇到俞千遇的車駕，只是淡然騎在馬上拱了拱手，表示打過招呼。俞千遇訓斥他：「我是皂衫奉命，三品以下官員見了都要讓道，你小子怎麼敢無禮！」老金頂了回去：「我也是三品皂衫奉命，怎麼就無禮了！」史書說，兩人「相詰久之」。筆者懷疑，是老金嘴笨，對方質問十句，他好不容易憋出一句回應，於是辯論了這麼長時間。吵來吵去，金大人耗費口舌，抬頭一望天色，來了句：「太陽都快下山了！」轉過身，自顧自走了，氣得俞大人在原地目瞪口呆了好半晌。

金方慶這樣有個性，自然到哪裡都要得罪許多小人，所以明虧暗虧也沒少吃。所幸老金遇到的能制他生死的人心裡也清楚，老金真是「忠直出於天性」，大體人畜無害。況且，在高麗這麼個小地方，他確實是屈指可數能打硬仗的勇將，利用價值很大，可替代性又極小。在討伐三別抄叛軍時，己方旗艦都被敵方士兵突入，親衛隊在一側和敵人白刃搏鬥，他還能「據胡床指揮士卒，顏色自若」，因此，早早就如錐處囊中，出將入相，一路高升到「推忠靖難定遠功臣、三重大匡、僉議中贊、判典理司事、世子[5]師」。他熬過兩次征日戰爭，活到八十九歲高齡病逝。

不過，今天我們平心而論，作為東征軍的主要將領，金方慶是忠勇剛毅有餘，智略權變不足。如果生逢太平之日，或在能自立之國，他不失做個國之干城。可惜，生在那個年代，高麗依附蒙古，武人政權日薄西山，金方慶自然無法繼崔、林之後，再建立一個金氏武人集團，只好淪為蒙古對外征服的打手。本書中那些帶有「知其不可為而為之」的悲情戲分，主要就是金方慶的。

至此我們知道，忽必烈委以征服日本大計的，實在是一幫很普通的角色，尤其是和中統、至元之間那些真正的名將相比，真如螢火比之日月，黯淡無光。非要打個分數，只能算他們夠得上當時的三流水準。

四、北條執權的攘外與安內

與元朝一方的平庸彷彿遙相呼應，日本因為是被動應戰，開始參戰的也不是鎌倉幕府最得力的軍隊。

鎌倉幕府的御家人多是來自武藏、相模地方的武士，號稱「關八州之兵力可敵六十餘州，武相兵力可敵關八州」，竹內榮喜認為堪比元朝的侍衛親軍。[6]幕府手中這些精銳王牌主要負責鎮守關東，迎戰元朝東征軍的實際是九州地方的豪族武士，所謂「鎮西之兵」。

5 相當於太子。

6 竹內榮喜，《元寇の研究》，頁90。

日本的地方行政組織，原有郡、國二級。如前所述，鎌倉幕府建立後，在地方上（「諸國」）新設立了「守護」、「地頭」，架空原有的地方勢力。守護主要負責軍事和治安，取代了原來「國司」之權。如果一個守護要兼轄好幾個國，就要任命「守護代」，代行職權。地頭是管理莊園經濟、徵集兵糧的官員，必要時也率領莊園的私兵參戰。因為幕府的勢力無法伸展到日本的每個角落，這些地方要職，大體由鎌倉幕府的御家人和不直屬幕府的地方豪族武士（非御家人）瓜分。

「元寇」來襲，首當其衝的是日本南端的九州地區。九州當地豪族的勢力尤其強大。根據竹內榮喜的描述，九州本部的九國，可以分為三個地方勢力集團：「前」、「後」、「奧」。「前」包括筑前、肥前和豐前，「後」包括築後、肥後和豐後，「奧」包括薩摩、大隅和日向。武藤少貳氏，世襲太宰府官，「前」三國基本屬於這個家族的地盤。位於豐後（今日本大分縣）的大友氏，管領「後」三國；薩摩（今日本鹿兒島縣）的島津氏，據有「奧」三國。這些地方武士集團，都有幕府授予的正式名分：少貳氏號稱「鎮西守護」，大友氏號稱「鎮西奉行」。

所謂「鎮西守護」或「鎮西奉行」，可算幕府設在太宰府的更高一級軍政機關，直接負責九州方面的防御，名義上管轄西海道的十一國，即上述九州本部的九國和壹岐、對馬二島。在鎮西奉行和僻處關東海隅的鎌倉幕府之間，在垂直關係上，還隔著一個替幕府監視京都的「六波羅探題」。

面對忽必烈第一次派出的三萬東征軍，鎌倉幕府究竟能動員多少兵力去南部九州參戰呢？竹內榮喜算過一筆賬：當時全日本的人口據說有一二六〇萬，九州人口約占一四七萬。淳仁天皇時期（相當於中國唐朝中期）為征伐新羅派出的檢閱使，在九州可徵集一九八二〇人。按人口平均增長率，文永、弘安之戰時，哪怕二十歲至六十歲的男子每六人出一人參戰，單是九州地區的軍隊就可達到四萬二千人。[7]按照他這個思路，當時整個日本可動員上戰場的軍隊，輕鬆就能超過百萬，實在是有些浮誇。李則芬有另一個粗略估算，說是即使按後來日本戰國時代的標準，九州地區最多能出七八萬兵，也不少了。[8]

在不能確定忽必烈對日本究竟抱有多大野心的情況下，北條時宗沒有貿然在北九州徵集大軍。不過，在元軍來襲之前，他確實在國內謀畫和實施了兩件大事。

第一件大事，叫作「異國警固番役」，等於提升九州地區武士的戰備級別。原來，九州地區的鎌倉御家人每年有義務承擔「大番役」，以十年為一屆，輪番前往京都和鎌倉，執行衛戍任

7　竹內榮喜，《元寇の研究》，頁144。

8　李則芬，《元史新講》（二），頁145。

務，每次執勤數月不等。一二七二年（元至元九年，日本文永九年）二月，趙良弼情報官前腳剛走，北條時宗大筆一揮，凡是九州各國的御家人，這項「大番役」就免了；作為交換，他們必須去北九州沿岸的築前、肥前等要害地區，執行一定天數的警戒任務。《比志島文書》中有一份時間較晚的「結番規定」。可以看出，「異國警固番役」就是按照一年四季、每季三個月的順序，由九州各國結成對子，輪流警戒：

春三月，正月、二月、三月，築前國、肥後國。
夏三月，四月、五月、六月，肥前國、豐前國。
秋三月，七月、八月、九月，豐後國、築後國。
冬三月，十月、十一月、十二月，日向國、大隅國、薩摩國。[9]

這是幕府為防範元朝軍隊突襲本土創設的新制。有學者評價說，這個制度對於防備海盜可能還有點用，對付數萬人的大軍卻不行。況且，鎌倉的封建領主通常各人自掃門前雪，哪管他人瓦上霜，參加這種空穴來風的警備任務，一定不會很積極。[10]不過，「異國警固番役」畢竟是幕府應對元朝威脅布局最早的一手棋。此後不久，鎌倉幕府還命令諸國製作並呈報「大田文」，普查全國的經濟和軍事潛力。

北條時宗幹的第二件大事，就是搶先下手除掉了他的政敵，也是他同父異母的長兄北條時輔。北條時輔是北條時賴的長子，不幸是庶母所生，他的弟弟北條時宗卻是嫡子。時輔原名時利，那個在射箭大賽上讚歎時宗「有繼業之器」的老爹，給他改名「時輔」，用心昭然若揭，無非是希望他安心輔佐弟弟。金朝的太祖（完顏阿骨打）和太宗（吳乞買）兩兄弟，也給他們兒輩裡面最有野心和才幹的幾位郎君取名「宗幹」、「宗弼」、「宗強」、「宗磐」、「宗固」、「宗本」等等，大概是人同此心。這種掩耳盜鈴之舉，自然阻止不了皇族內部同室操戈的腥風血雨，不管是北條家，還是完顏家，都是一樣。

據說，時輔眼見弟弟繼承北條家主，「心常不滿」、「恥為之下」。文永初年，十四歲的時宗已經被父親允許「連署」執權，十七歲的哥哥時輔卻外放到京都的「南六波羅探題」任上，實際上是交給了同執權家關係密切的北條時茂監視，時茂出任「北六波羅探題」。後來，北條時茂去世後，「北六波羅探題」職位空缺了快兩年，時輔趁機大肆擴張勢力，作威作福，搞得京都人人

9　川添昭二，《北條時宗》，吉川弘文館，2001年，頁136。
10　黑田俊雄，《蒙古襲來》，中央公論社，1965年，頁76。

自危。此外，時輔還和反北條的名越家族有所勾結。

如前所述，「六波羅探題」不僅負責替幕府監視京都的朝廷，也掌握包括九州在內的西國的動向，和蒙古的威脅有直接關涉。在這個關鍵職位上存在時輔這麼個變數，自然讓時宗寢食難安。

一二七二年（元至元九年，日本文永九年）農曆二月十一日，北條時宗授意大藏賴季在鎌倉發動兵變，一舉殺掉了名越時章、名越教時、仙波盛直等人，消除了肘腋之患。

十五日，西邊的京都，朝野上下還沉浸在前一天淨金剛禪院舉辦「涅槃講」的祥和熱鬧氣氛中。拂曉，一騎自鎌倉方向揚塵而來，給新任「北六波羅探題」的北條義宗帶來了密令。北條義宗讀罷密令，二話不說，帶著夜裡祕密集結的軍隊直撲時輔的宅邸。義宗的士兵和時輔的衛隊在黑暗狹窄的街巷中展開激戰，時輔宅邸在一片火海中被夷為平地，時輔的屍體也沒有找到。（《五代帝王物語》）這一事變，後來被輕描淡寫地稱為「二月騷動」。

北條時輔多半在混亂中被殺，也有人說，他逃亡至吉野山中（《保曆間記》）。時輔的肉體消滅與否，對於北條時宗來說，已不那麼重要了，作為政治行動者（political actor）的時輔已經消滅，最大反對派勢力名越家族一蹶不振。在鎌倉遇難的名越時章、名越教時兩兄弟當中，哥哥時章其實沒有參與所謂「謀反」活動，因此，幕府勒令當天動手的大藏賴季等人切腹自盡。不過，名越時章一死，時宗就把原由時章兼任的築後、肥後和大隅三國守護，分賜給了自己一邊的大友賴泰（築後守護）、安達泰盛（肥後守護）、千葉宗胤（大隅守護）等人，大大加強了對九州地區的控制。

五、「散地，吾將一其志」

後來，元朝東征軍兩度折戟博多灣，「神國」在「神風」和各路神佛的「庇護」下，「舉國一致」，取得了「抗元戰爭」的勝利。隨著日本朝近代民族國家轉化，加之軍國主義甚囂塵上，這個故事被反覆講述，最終變成一個民族神話。一九三六年（日本昭和十一年），文部省指定的《小學國史教師用書》，就給「國難」當頭的危急時刻，「鎌倉武士的忠勇」、「舉國一致的熱烈愛國精神」、「國民的義憤精神」等等，大唱讚歌。

一些立場客觀的當代日本學者，也看不慣這套向壁虛構的謊言。黑田俊雄說，在鎌倉武士的心目中，「元寇襲來」不是什麼「國難」或者「日本民族的危機」，而是「君之御大事」，只要回應天皇或者幕府的命令，祈禱自己「武運長久」，在戰場上殺敵立功，獲得「鎌倉殿」賜予的恩賞和領地，就很完美。[11]對於不少貧困的武士來說，家裡的老婆孩子正眼巴巴地盼著明天揭鍋的米呢，「全體國民的命運」又是個什麼東西？如前所述，對首級和軍功的饑渴，才是武士的本性。在這一點上，他們倒是高度「一致」的，用杉山正明的話說，就是只「為了自己而戰」。[12]千萬不要小看這種鬥志，它常常毫不遜色於民族主義或宗教產生的狂熱。

除了武士階層的這種「一致」，鎌倉幕府自身的抵抗意志，是這場戰爭最關鍵的因素。據說，一二六八年（元至元五年，日本文永五年），第一次接到忽必烈的國書後，京都的朝廷召開過評議會，商量要不要給蒙古人回個信。評議結果是意見不一（中原師守《師守日記》）。第二年，京都方面又收到大蒙古國中書省的牒文，讓文章博士菅原長成起草了回牒，卻因為幕府極力反對，最終未能送出。說到底，始終一貫把蒙古人堵在國門外，連開個門縫都不肯，以致後來發生「龍口斬使」的極端事件，這一切背後的主導，正是北條時宗代表的鎌倉幕府。他們為什麼這麼頑固不化？有人覺得，這是武家政權的戰鬥性格使然，又或者是南宋禪僧和舶商對蒙古人的憎惡態度，影響鎌倉幕府的判斷。這都是皮相之論。

我們不妨換個角度思考：為什麼高麗國內主張反抗蒙古到底的勢力，也是崔氏和林氏這些武人集團？

原來，蒙古草原政權在跨過帝國的門檻以後，便十分在意政治權威的合法性來源。這種思維模式，也決定了蒙古人到處扶植的附庸政權，通常是本地具備傳統合法性的勢力。比如說，儘管元朝在遼陽行省豢養了一大幫洪茶丘、王綧這樣的「韓奸」，但從來沒有決心顛覆傳統的高麗王權，另起爐灶。在同蒙古接觸以前，王氏高麗是武人主政，國王只有名義上的權威。元朝的武力存在和公主下嫁，相對強化了高麗的正統王權，壓制了武人集團的勢力。武人首領大概隱約預感到了未來的頹勢，才不惜玉石俱焚，哪怕挾持王室躲到小島上，也要接著作威作福。如果沒有外來勢力的干預，高麗武人主政的格局絕不會如此迅速衰落。

用日本政治思想大師丸山真男的話說，日本的武家政治也是個「二重統治模式」，威權源頭是天皇，掌握實權的卻是幕府和北條執權。[13]雖然社會經濟基礎不同，就上層的權力結構來說，鐮倉日本和武人主政的高麗，實在如出一轍。一旦讓元朝的勢力滲透到國內，重新洗牌，天皇、上皇這些在京都的勢力，或許願意接受高麗元宗那樣的地位，但幕府肯定不甘心步崔家和金家等人的後塵。五百年後，美國佩里準將的「黑船」襲來，德川幕府被迫開國；過了不到十年，第十五代將軍德川慶喜就只好向天皇「大政奉還」。個中道理，其實頗有相通之處。北條時宗和幕

11　黑田俊雄，《蒙古襲來》，頁124。

12　杉山正明，《蒙古顛覆世界史》，北京三聯書店，2016年，頁279。

13　丸山真男，《丸山真男講義錄》第6冊，四川教育出版社，2017年，頁42-45。

府高層當然逆料不到江戶時代的結束，然而，君不見，忽必烈幾次三番寫信，口口聲聲要找「日本國王」，並不是什麼「征夷大將軍」？這位東亞霸主心中理想的日本國王，難道真住在鎌倉漁村嗎？

《三國演義》第四十三回「諸葛亮舌戰群儒，魯子敬力排眾議」裡講到，曹操率八十萬大軍南下，孫權在投降還是抵抗的問題上苦苦糾結了好幾天，不料被魯肅三言兩語就說服了。魯肅的邏輯是這樣的：「眾人皆可降曹操，惟將軍不可降曹操」。為什麼呢？

> 如肅等降操，當以肅還鄉黨，累官故不失州郡也；將軍降操，欲安所歸乎？位不過封侯，車不過一乘，騎不過一匹，從不過數人，豈得南面稱孤哉！

把這個邏輯稍稍改動一下，就可以得出北條時宗等人不能屈膝於忽必烈的理由：一旦外交屈服或者戰事失利，京都的朝廷和公卿反倒多了元朝這個倚仗，天皇不過多了個「大元國日本行省右丞相」的恥辱頭銜，但是，鎌倉幕府和北條家族「安所歸乎？」投降下場很慘，戰敗更是一死，唯有努力戰勝，一條道走到黑。

《孫子兵法．九地》中說，打仗的地勢，有「散地」，有「輕地」。散地是在自己國境內作戰（「諸侯自戰其地」），輕地是剛剛進入敵國境內，還未深入（「入人之地不深者」）。如果己方在散地作戰，「吾將一其志」。武士對軍功的饑渴，鎌倉幕府面對步步緊逼的元朝，退無可退，也可以說是「一其志」了。那麼，馬上就要在「輕地」作戰的元朝—高麗東征軍，命運又將如何呢？

第六章

D日：喋血博多灣

一、目標：九州太宰府

一二七四年（元至元十一年，高麗元宗十五年）農曆六月初，高麗傾全國之力為東征日本打造的艦隊，已經基本完成戰備。此時，忽必烈正在上都清暑。當月十六日，元宗派了一個叫作羅裕的人趕到大都，向留守的中書省官員報告：

> 船大小並九百隻造訖，合用物件亦皆圓備，令三品官能幹者分管，回泊已向金州。伏望諸相國，善為敷奏。（《高麗史》卷27）

這是元宗一生最後一次以高麗國王的名義向元朝派出使節。五月剛過，《高麗史》就已記載元宗病情嚴重，朝廷大赦境內的死囚，為王祈福。羅裕出發沒兩天，元宗就「薨於堤上宮」，撒手而去，將這個歷經頻年戰亂而民生凋敝、百廢待興的小國，留給了在大都剛剛同元朝公主完婚的世子王愖（忠烈王）。

儘管高麗的朝野上下要為「大行王」（去世的國王）服喪盡哀，東征大軍卻已好似箭在弦上，不得不發。當年七月，忠烈王還在趕回高麗奔喪的半路上，國內的「征東先鋒別抄」就已經率先揚帆出海了。東征軍的指揮班子，都元帥忽敦，副元帥洪茶丘、劉復亨，高麗軍統帥金方慶，本來預定要在合浦港一同檢閱戰艦，如今只好延後，先讓兩個高麗將領結伴北上，參加九月為元宗舉行的葬禮，所謂「方慶與茶丘單騎來陳慰」。（《高麗史》卷104《金方慶傳》）。

在高麗南北忙作一團的時候，忽必烈的軍事情報機器，大概也在全速運轉，為東征軍搜集情報。前面講過，趙良弼出使回國，提交了一份詳細的彙報，裡面有「日本君臣爵號、州郡名數、風俗土宜」。然而，這份供高層決策用的東西，頂多相當於今天的《各國概況：日本篇》，連一本帶地圖的九州自助遊手冊都遠遠不如。再說，誰敢拿民用導遊手冊行軍打仗呢？所以，搜集戰術情報、繪製軍用地圖的任務，還得由元朝樞密院下屬的參謀軍官來執行。

他們的管道並不少。早在一二七一年（至元八年），就有「日本通事」曹介升等人主動要求給元朝大軍充當嚮導：「高麗迂路導引國使，外有捷徑，倘得便風，半日可到。若使臣去，則不敢同往；若大軍進征，則願為嚮導。」（《元史．日本傳》）此外，一二七二年，在討伐躲在耽羅（今濟州島）的高麗三別抄叛軍時，元朝意外抓到三個熟悉日本的耽羅人。樞密院官一審訊，不僅「畫到圖本」，還獲悉「日本太宰府等處下船之地，俱可下岸」，計算登陸軍隊規模為二萬至三萬。（《元高麗紀事》）

太宰府（今日本福岡縣太宰府市），就是元朝東征軍的首要目標，位於九州北部的築前國。

太宰府是統轄西海道九國和對馬、壹岐島二島的派出機構，「鎮西奉行」就駐在該處。從唐中期開始，這裡還是日本海外貿易的中心基地，北面的門戶——博多灣也是繁榮的貿易港口。不管從哪方面看，太宰府都是第一戰略要地，元朝自然志在必得。從高麗南部海岸航行到太宰府，一般走穿過對馬島和壹岐島，然後進入博多灣這條路線。這也是東征軍的實際航線。

從後來的戰役經過看，樞密院大致為東征軍選定了三個登陸點，都在博多灣附近，自西向東。第一處，博多灣西側的今津，也是趙良弼使團最初上陸的地點，這一帶海水較深，可供大型船舶停泊，東邊還有南北縱貫的山地提供掩護。第二處，早良郡的百道原，海水也較深，沿岸是地形平坦而鬆軟的沙原，方便軍隊展開。最後一處是博多灣東北的箱崎（筥崎）。

六百年後（昭和初年），竹內榮喜少將利用在日本陸軍大學授課的機會，就攻占太宰府應該如何計畫登陸這一問題，當堂考試了一年級的四十七名學員。在學員上報的五個方案中，贊同人數最多的方案（二十九人），是主力部隊在今津灣（生松原、今宿、長濱）登陸，同時，在博多灣東北方向的任一地點（新宮、奈多、志賀島、箱崎、船越灣）進行輔助登陸，牽制日軍西下的兵力。竹內榮喜自己也極力主張先占領今津灣，建立艦隊碇泊和後勤補給的基地，再從容集結兵力東進，攻占博多灣和太宰府。[1]

現代軍事專家根據較為充分的地形和兵力情報設計出的「理想」登陸方案，只可聊備一說。

元朝東征軍的實際登陸行動，與此大相徑庭，也沒什麼好奇怪的。

二、萬棹千帆入博多

這一年的十月三日清晨，高麗南部的合浦港，帆檣林立，千帆競張，原本開闊的水面一下子擁擠得讓人喘不過氣來。幾經周折，元朝東征軍終於出海了。

合浦港就是今天朝鮮半島南部鎮海灣的馬山浦。此地是晚清甲午戰前，清軍在朝鮮的駐紮之處，也是著名的對馬海戰前，東鄉平八郎率領日本艦隊集結的地方，見證了多少神話的誕生，多少野心和夢想的破滅。

因為高麗尚在國喪期間，原先精心策畫的祭旗、演武和餞行等各種盛大儀式，只好從簡。不過，東征大軍九百艘大大小小的艦船開到外海，浩浩蕩蕩，綿延百里，景象依然極為壯觀。想想同時代的歐洲列強，比如神聖羅馬帝國，或者威尼斯、熱那亞，主力艦隊很少超過五十艘戰船，不到一百艘戰船的會戰就可以載入「世界歷史」，要說元朝東征軍搭乘的是當時世界上最大的一

1　竹內榮喜，《元寇の研究》，頁19-23、65。

支遠征艦隊，並不誇張。

十月五日，元朝東征軍的先頭部隊抵達對馬島的西面海域。午後，一支船隊駛入對馬島中部的淺茅浦停泊，另一支船隊駛入對馬島西岸的佐須浦停泊。佐須浦是對馬島的中樞——國府的西面門戶。六百多年前，即天智天皇時代修築的金田山城，扼守著佐須浦通往國府的要路。

東征軍上島的消息，當天傍晚時分才傳到國府的地頭所。對馬的代理守護名叫宗助國，他接到底下的彙報，不明就裡，大概猜測又來了一個規模較往年更大的元朝使團，匆匆招呼了八十多名親隨武士，一面咒罵「異國人」死腦筋、不開竅，一面連夜舉火疾馳，六日拂曉之前終於趕到了佐須浦。

宗助國一夜未眠，心情自然不好，憋著一肚子怨氣，正打算板起臉好好訓斥來使幾句。於是，一行人並沒有在金田城停留，直接衝到佐須浦岸邊。這時，借著海波泛起的微光，他們張口結舌地看到，水面上密密匝匝，泊滿了戰船，把地平線都遮住了。宗助國感到不妙，臉色唰地一下白了，硬著頭皮派了一個名叫真繼男的翻譯，先上前打探情況。真繼男靠近岸邊，哆哆嗦嗦喊了一嗓子。不料，作為答覆，最近的一艘戰船上嗖嗖射出一陣兇猛的箭雨。真繼男頭也不回，拍馬就逃。

緊接著，七八艘元軍戰船抵近岸邊，下來了一支一千餘人的「陸戰隊」。宗助國等人邊戰邊退。據日本方面的吹噓，宗氏一門作戰神勇，宗助國射倒「異國人不知數」；敵陣中有四名騎著高頭大馬、戎裝醒目的軍官，其中跨著葦毛馬的一人，也被宗助國的兒子宗馬次郎射中右胸落馬，養子彌次郎射殺了四騎。（《八幡愚童記》）不過，日軍終是寡不敵眾，宗氏一門，加上莊太郎入道、肥後國的御家人田井藤三郎等一千武士，悉數戰死。

對馬島是日本的國防第一線，島上駐紮了少數邊防軍（防人）。但這個島山多地少，養不起多少兵，全島兵力不足一千人。元朝東征軍迅速壓制了全島，開始在各個村落燒殺擄掠。《日蓮聖人注畫贊》說，島上的百姓，男子要麼被殺、要麼被抓，女子更是以繩索貫穿手掌，綁在船舷邊上，被俘的人大多難逃一死（「男或殺或擒，女集一所，徹手結附舷，虜者無一人不害」）。

十月十四日，午後四時左右，元朝東征軍又撲向距離博多灣更近的壹岐島。壹岐的守護代平景隆率領一百餘騎御家人，在一座簡陋工事（「莊三郎之城」）前和東征軍對射。交戰不長時間，平景隆也寡不敵眾，受傷慘重，退保城內，最後在層層包圍中自殺。同時，東征軍分隊還襲擊了松浦半島沿岸，松浦黨的武士也陣亡好幾百人。至此，東征軍占領了對馬和壹岐這兩個補給線上最重要的停靠站。

東征軍從五日抵達中途站對馬島，到十四日進攻壹岐島，中間隔了大約十天時間，再到十九日殺入博多灣，又隔了五、六天。這些間隔時間，東征軍的主力部隊據說都在集結和休整。才坐了那麼幾天船，為何還要特意休整呢？

宋元時期的確是古代造船航海技術的一個小高峰，海船不僅配備了「指南浮針，以揆南北」，還發明了形形色色的錨具、副舵、帆具，抵御風濤，適航性極大提高。[2]即便如此，當時乘船出海之艱苦，仍然是今天的人無法切身體會的。一一二四年（北宋宣和六年），出使高麗的徐兢搭乘的「客舟」，長達三十公尺，排水量二百五十噸，是當時東亞海域最先進最安全的海船。然而，放洋之後，遇到稍大點的橫風，就「颭動揚搖，瓶盎皆傾，一舟之人震恐膽落」；風浪再大點，就要「腸胃騰倒，喘息僅存，顛撲嘔吐，粒食不下嚥」，真是活受罪。（徐兢《宣和奉使高麗圖經》卷34－35）這三萬餘人的東征軍，包括強征來的高麗水手，至少有五分之四的人是這輩子頭一回坐船出海。悶坐在光線暗淡、臭氣熏天的船艙之中，任憑風浪顛簸七十多個小時，鐵打的人也軟了。

雪上加霜的是，如前所述，高麗造船的時候，金方慶為了趕工期、省工料，申請把圖紙從「蠻樣」（宋船式樣）改成了「本國船樣」。高麗的海船，在技術上大概落後中國一個時代。北宋時候，宋船早就採用了主桅杆可以起倒的「可眠桅技術」。北宋嘉祐年間，高麗海船遇風桅折，漂到昆山縣海邊，幫助修船的中國工人發現，高麗船上的桅杆還是「不可動」的舊式桅。（沈括《夢溪筆談》卷24）徐兢到了高麗，評價該地的舟楫「簡略特甚」，難怪省工省料。說到乘坐體驗，可謂糟糕透頂。

於是，整整十天的寶貴時間，整個戰爭中唯一的一次可以達成奇襲的機會，就被東征軍浪費在「休整」上了。趁著這段間隙，從對馬和壹岐兩戰中僥倖生還的小太郎、兵衛次郎和宗三郎等人，早已經逃入太宰府通風報信了。

三、邂逅東亞的「馬穆魯克」

太宰府一收到敵襲的消息，馬上向京都的六波羅探題派出了快馬報訊，同時命令九州地方的武士向博多灣匯集。

九州的日本軍，名義上的總司令官是四十六歲的少貳經資。曾向趙良弼討要國書原本的少貳資能，就是他的父親。少貳這個姓氏，本來是律令制下太宰府次官的名稱，因為正官太宰帥、權帥或者大弍，實際留在京都，並不去當地赴任。自經資的爺爺武藤資賴以「鎮西奉行」、「少貳」的名分入主太宰府以來，武藤祖孫三代均掌握太宰府、九州「前」三國和壹岐、對馬二島的實

2　席龍飛，《中國造船史》，湖北教育出版社，2000年，頁135-140。

權，少貳也被武藤家用作了姓氏。前面戰死的宗助國、平景隆，之所以是「守護代」，就是因為正牌守護是少貳經資。日本軍的副司令官是豐後等國的守護大友賴泰，在前方負責實地指揮作戰的是一個年方二九的少壯派將領，即少貳經資的弟弟，少貳景資。

據《八幡愚童記》記載，趕來參戰的武士來自少貳氏、大友氏、臼杵、戶次、松浦黨、菊池、原田、小玉黨，還有附近一些神社和佛寺的僧兵，薩摩守護島津氏麾下的武士負責博多灣北部箱崎方面的守備。九州之兵，總兵力據說達到十萬二千餘人。

鐮倉時代日本武士的裝備和作戰方式，今天的人已經有些陌生了，對於看慣了日本大河劇裡面戰國時代「足輕」（步兵）會戰的讀者，尤其如此。有必要多交代幾句。很難想像，鐮倉武士居然也是以騎射為主的戰士。在鐮倉前中期，騎乘戰馬、以弓箭來攻防的騎射戰盛極一時。根據一些當時的軍記物語，武士作戰前，會先大聲互報名號（名乗り），然後騎馬拉弓向對方衝去，在擦身之際放箭射擊。這是一種比較儀式化的個人作戰方法。在「元寇襲來」過後，太刀、薙刀一類劈砍兵器，才開始取代弓箭的地位。

鐮倉武士的防具，正是為這種騎射作戰設計的，適合在馬背上做出各種動作。最正式的甲冑稱為「大鎧」，由頭盔、胴甲和大袖三個主要部分組成。鐮倉武士的頭盔（星兜）很有特色，帶有誇張的向上伸出的細長鍬形，遠看好似長了一對鹿角。武士的後頸和後腦勺有一大塊護具，一直延伸到肩頭，用來防護箭矢。由於拉弓射箭的姿勢容易暴露武士的側腹和胸口，大鎧的胴甲上還掛有特殊的護具：右胸前掛有「栴檀板」，為了避免引弓上弦時右腕和右胸的動作僵硬，這塊護板採取了三段小札板拼接，可自由活動；左胸處前掛有「鳩尾板」，保護側身射箭時正對敵軍的心臟部位。大袖則將肩膀和上臂都保護起來，相當於兩塊固定盾牌。這些是高級武士的裝備。武士的馬後，通常跟著七八個下級士兵（郎黨）一起作戰，他們穿戴徒步作戰的「胴丸」盔甲，手持太刀或薙刀。「胴丸」又稱「腹卷」，構造要比大鎧簡單許多，主要保護軀幹。

鎌倉武士使用的主要武器是竹木製作的弓箭。比起短小的蒙古騎射弓，日本弓的長度接近二．五公尺，射出的箭矢也又長又重。日本刀的鋒利，所謂「百煉精純」，自唐代以來一直口碑不錯。鄭思肖也評價過「倭刀極利」（《心史．大義略敘》），大概是見過出口到南宋的倭刀。

元初文人王惲的《泛海小錄》，根據東征老兵的親歷，對鎌倉武士有如下描述：

> 兵仗有弓、刀、甲，而無戈矛。騎兵結束殊精，甲往往以黃金為之，絡珠琲者甚眾。刀制長，極犀銳，洞物而過。但弓以木為之，矢雖長，不能遠。人則勇敢，視死不畏。（《秋澗集》卷40）

這是相當客觀而中允的好評。

與全副武裝的鐮倉武士相比，元朝東征軍主要由攜帶短弓、環刀、長槍、戰斧的輕騎兵和輕步兵組成。史籍對元朝軍隊的胄和兜這類護具的介紹十分簡單。南宋的《黑韃事略》記載有柳葉甲和羅圈甲兩種。白石典之根據少數考古遺存和文獻記載，推測前者是由薄而小的鐵札縫製而成，後者是一種多層皮甲，形制也不太明確。[3]顯然，不論是騎士還是步卒，鐮倉武士的個體防護程度，顯然要高於東征軍。

在《蒙古的戰爭藝術》一書中，當代研究蒙古軍事史的專家梅天穆（Timothy May）教授對曾經讓蒙古軍隊吃過大虧的兩支軍隊，做了一番很有意思的比較。這兩支軍隊分別位於亞歐大陸的兩端：一是在阿音扎魯特之戰中殲滅乞台不花軍隊的埃及馬穆魯克騎兵[4]，另一就是東征軍面對的鐮倉武士。梅天穆說：

> 蒙古軍隊的另一弱點……就是士兵的素質。蒙古人大體上是優秀的士兵。在草原艱苦的環境中，遊牧民族可以忍常人之不能忍，成長為精通騎術和箭術的優秀戰士。但是，即便在蒙古帝國的巔峰時期，蒙古軍也要遜色於中世紀其他的精英部隊。馬穆魯克騎兵和日本武士都是畢生奉獻於戰鬥藝術的軍事精英。誠然，一些蒙古戰士掌握的戰鬥技藝，堪比

這些精銳軍隊中的佼佼者，作為整體，蒙古軍也不乏優秀的士兵，但是缺少精英部隊（elite forces）。[5]

在個體防護和武藝都處下風的情形下，元朝東征軍自然也有絕對不容忽視的優勢。除了集團作戰、配合熟練外，元朝軍隊的弓箭的平均射程是「二町」（二百多公尺），超出日本軍一倍有餘。早先在壹岐島的交戰中，平景隆的部隊猝不及防，就在這方面吃了大虧。

蒙古軍隊的箭矢也十分多樣，除了平日狩獵用的鳴鏑和骨箭外，有一部分鐵質箭鏃，鏃尖較寬而平，刃部呈水準狀，側棱鋒利無比，造成的創口面積又大又深，主要就是用來對付騎兵和戰馬的；另一部分箭鏃末端又尖又長，穿透力極強，被蘇聯考古學家吉謝列夫等人稱為當時的「穿甲彈」，主要用來對付披掛重甲的敵人。元朝軍隊的弓箭齊射，目擊者形容為「發矢蔽天，有如暴雨」（《馬可波羅行紀》第78章），可謂對鐮倉武士最嚴重的威脅。

3 白石典之編，《チンギス・カンとその時代》，勉誠出版，2015年，頁272-273。北岡正敏嘗試對雙方的甲冑和兵器做一番優劣比較，但並不令人信服，見《蒙古襲來の真実：蒙古軍はなぜ壊滅したのか》，頁93-108。

4 Mamluk，最初是阿拉伯帝國的奴隸軍隊，後發展為一個特殊的軍事精英階層。

5 Timothy May, *The Mongol Art of War*, Pen & Sword Books Ltd., 2007, p.139.

四、第一印象

十月十九日，休整完畢、精神抖擻的元朝東征軍從壹岐島海面出發，直撲博多灣。他們先派出一支分隊，在今津北部的後濱登陸。然而，東征軍上陸後，大概覺得從此地向博多灣，要穿過南北向的長垂山脈，進出不便。於是，第二天，也就是二十日的拂曉時分，東征軍的主力部隊才在早良郡的百道原、博多、箱崎一線陸續登陸。

在各地上陸的東征軍分別都是什麼部隊，雙方的史料記載極其含混。從最早的研究者八代國治、竹內榮喜和池內宏，到晚近的黑田俊雄、李則芬、旗田巍和山口修，提出了各種彼此齟齬的說法，都不過是推測。魚鷹出版社（Osprey Publishing）在二〇一〇年出過一本《蒙古襲來》（*The Mangol Invasions of Japan 1274 and 1281*）彩圖冊子，主筆是寫過不少中世紀軍事讀物的史蒂芬．特恩布林（Stephen Turnbull）。書中還有三維的戰役圖示，其實多是虛構。這裡我們只好折中諸說：在百道原登陸的主要是金方慶率領的高麗軍和忽敦、洪茶丘率領的部分蒙漢軍；在更東邊一點的博多、箱崎方面登陸的，主要是劉復亨率領的另一支蒙漢軍。

東征軍的主力運兵船是「千料舟」，就算百道原等地的海水較深，也無法直抵灘頭，還是要靠那三百艘「拔都魯輕疾舟」穿梭於大船和灘頭之間，輸送部隊搶灘登陸。竹內榮喜說，日俄戰爭期間，採用最先進的方法，做最充分的裝備，並且毫無敵人的干擾，一天之內最多也只能送一萬人左右上陸。所以，加上必需的裝備和馬匹，東征軍一天之內登陸的人員也不會超過一萬，大概是三、四千人。[6]不過，上陸的必定是最精銳的部隊，而且三大主帥——忽敦、洪茶丘、劉復亨——也都在其中。

戰鬥是早上八點左右開始的。

那天，曙光依稀透過志賀島高處的松林，灑向對面彌漫著一層薄薄霧氣的海灘。列陣對峙的東征軍和日本軍，大眼瞪小眼：中國北方士兵甲胄上的獸毛裝飾，日本軍頭盔上伸出的鹿角一樣的鍬形，在流動的光線和霧氣映襯之下，越發顯得詭異。雙方愈彼此端詳，愈覺得對方是一群身著奇裝異服，行為也同樣詭異的野蠻人。

在東征軍大陣的背後，遠處的海面上，無數士兵像蜘蛛一樣，攀著船舷邊的繩梯大網，從巍峨的巨艦降到搖晃不已的「拔都魯輕疾舟」上。他們的動作整齊而安靜，甚至沒有一個人轉過頭張望岸邊那兩支劍拔弩張的軍隊——東征軍後續梯隊還在努力，他們清楚，接下來每一分鐘的登陸時間，都將是那邊的袍澤兄弟以鮮血甚至生命為代價爭取來的。

6　竹內榮喜，《元寇の研究》，頁18。

兩支戰爭傳統和文化背景千差萬別的軍隊，一旦猝然遭遇，必定會發生一些令人啼笑皆非的事情。

日本軍還忠實於源平合戰時代的傳統，陣中先走出一名武士，高聲通報家世、姓名，單騎挑戰。這名武士據說是總司令官少貳經資的兒子少貳資時，當時還不到十三歲。只見少貳資時身著華麗的大鎧，一臉嚴肅，緩緩行至陣前，按照禮儀，向對面射出一支小響箭，示意戰鬥開始（所謂「矢合」）。不料，東征軍陣中爆發出一陣哄笑。（《八幡愚童記》）《元寇紀略》也說：「覺惠有孫，年甫十二三，弱弓微箭射賊，賊軍哄笑。」後方列隊的元朝士兵不明究竟，趕緊向跟前的兄弟打聽，前邊到底怎麼了。資時滿臉通紅，跑回本陣。

兩軍沉默片刻，都元帥忽敦一聲令下，帥旗舞動，數十名赤膊的壯漢，拚命敲打起大鼓和銅鑼，震耳欲聾。鼓點間歇之際，站在前列的千戶和百戶軍官聲嘶力竭地高喊：「大元！」全軍士兵齊聲回應：「殺！」這是東征軍開戰的信號。

按照元朝軍隊的傳統，這個場面必定熱鬧非凡。若干年後，馬可．波羅追隨忽必烈到了漠北草原，目睹元朝軍隊和叛王軍隊的交戰情景：

當兩軍列陣之時，種種樂器之聲及歌聲群起，緣韃靼人作戰以前，各人習為歌唱，彈兩

絃樂器，其聲頗可悅耳。彈唱久之，迄於鳴鼓之時，兩軍戰爭乃起，蓋不聞其主大鼓聲，不敢進戰也。（《馬可波羅行紀》第78章）

日本軍的戰馬從未接觸過這樣陌生而且巨大的噪音，一下子受了驚，煩躁地用馬蹄踢著地上的泥土，甚至開始搖頭晃腦，跳躍打轉。馬背上的武士也嚇出一身冷汗，趕緊各顯神通，安撫自己的坐騎。就在這個時候，遮天蔽地的箭雨，已經毫不客氣地落到日本軍的陣中。

鎌倉時代的武士雖以騎射為主，但採用的是「一騎討」戰法：己方出一人高聲搦戰，等待對方單騎應戰，戰爭這種集體行為，結果成了比拼個人武藝。歷來的研究者特別喜歡強調，日本軍一開始採用這種陳舊戰法是自討苦吃，卻沒人注意到，幾乎就在同一時期，還有另一支軍隊也向元軍提出了一對一單挑（「鬥將」）的邀請。我們先看看蒙古人這次是如何回應的。

一二七五年（元至元十二年、南宋德祐元年）十月，元朝南征大軍的主帥伯顏，前往視察被元軍圍困的南宋揚州城，順便耀武揚威一番。揚州守將孫虎臣派人傳話：自古鬥將不鬥兵，我們這邊打算出一個騎兵將領，叫劉都統，你們也挑上一個「武勇、擅格鬥者」，與劉都統一決生死，別讓那些普通士卒白白送命了，怎麼樣？這個劉都統外號「黑馬劉」，是南宋軍中有數的驍將。接到挑戰書，伯顏緊急召集諸將開會，「皆相顧莫敢對」。

當時，伯顏軍中有個百夫長，是西域哈剌魯人，「毅然請行」。伯顏大喜過望，連稱「壯士！壯士！」元末文人危素為哈剌歹寫的《合魯公家傳》，詳細描寫了揚子橋上舉辦的這場別開生面的「鬥將大會」。

哈剌歹和劉都統，恰好「兩將所乘馬皆黑」，遠遠望去，好似兩股烏黑的旋風，殺氣沖天，「奮鬥數十合」，未分勝負。突然，劉都統舉起長矛猛地一刺，哈剌歹閃避不及，從鞍上摔下。劉都統拍馬趕上，打算趁機結果對手。不料，胯下戰馬忽然受驚後退。哈剌歹急忙上馬追擊，劉都統撥馬再刺，哈剌歹身子往右一歪，左胳肢窩死死夾住刺來的長矛，右手拔出佩劍，狠勁一揮，將敵人首級斬落地上。兩軍圍觀的有上萬人，「歡噪動地」。伯顏頓覺大有面子，派了自己的親衛隊，用大將儀仗迎接哈剌歹凱旋回營，又請人把這段佳話畫成圖本，快遞給皇帝欣賞。

這段插曲告訴我們兩件事。一，儘管史書上的「胡人」，包括突厥、沙陀、契丹和吐蕃等族的軍隊，都喜歡單挑、「鬥將」，蒙古人確實對這一套充斥陳腐的貴族氣派的禮節不太感興趣。二，在比較穩妥而且榮譽攸關的場合下，蒙古人也不是完全不可能接受「一騎討」這種戰法，揚子橋決鬥就是證據。

不過，東征軍是不會和日本軍講禮數的，因為他們人數處於劣勢，開局就「鬥將」，一旦失利，士氣一落千丈，這仗乾脆就甭打了。只見忽敦和洪茶丘、金方慶等人耳語片刻，大手一揮，先放箭！

《八幡愚童記》和《太平記》記載，上陸的這批元朝東征軍打得很有章法。大將卓立高處指揮，全軍聞鼓而進，聞金而退，排列成隊，步騎相資，配合嫺熟：「彼甲輕，善乘馬，力強而不惜命，豪勢勇猛，進退自如。」陣中則排列長楯，近者刺以矛，遠者射以箭，日本人形容是「射如雨降」。鐮倉武士尚未衝到陣前，就被破甲箭矢殺傷眾多。據說箭矢上還塗了毒藥，中箭者過不了多久，就傷口劇痛，倒地哀號不止。東征軍還時不時拋出紙或鐵包裹的「炸彈」（鐵砲或てっぽう）。爆炸之後，火光四散，煙氣彌漫，聲如雷震，令敵人肝膽俱裂，頭暈目眩，驚慌失措。一旦有零星的日本武士突入，東征軍則「左右回圍之，協力合擊，無一人得脫者」。

關於東征軍使用的「毒矢」和「鐵砲」，下一章還會專門做一番辨析。如果要做一點比較，我覺得，當時的場面同一七九八年七月二十一日拿破崙率領的法軍和埃及馬穆魯克騎兵在金字塔下的激戰情景，或許會有些相似。拿破崙對馬穆魯克騎兵的單兵作戰技能佩服不已：

有一個馬穆魯克兵表演了他全部的靈活技巧和勇敢動作……他緊貼在自己的馬上，這匹馬似乎也分享了他的全部的熱情；他手腕上掛著一把馬刀，還用自己的馬槍、短火槍和四支手槍依次進行射擊。他這樣射出六種武器的子彈以後，繞過狙擊排，並以驚人的靈活動作從狙擊隊和戰線中間跑過去了。[7]

儘管鎌倉武士和馬穆魯克騎兵一樣，都以武藝高超聞名，但如果我們俯視當時百道原和內陸的麁原各處展開激戰的戰場，大體不難想像：東征軍以集團作戰，圍成方陣，挺著長矛，四處圍捕衝過箭雨和火炮、三三兩兩突入陣中的鎌倉武士，正好像拿破崙的法軍變換方陣和橫隊，射擊衝入陣中的馬穆魯克騎兵。一時間，黑煙滾滾、人吼馬嘶，混亂無比。

五、日落前的血戰

不同的是，東征軍那幾個將領，絕對無法像金字塔下的拿破崙那樣，還有閒心和餘裕抒發思古之幽情。他們雖然在戰術上占了點上風，但日本軍有著人數優勢。[8]所以，雙方的史料記載雖然各吹各牛，但有一點是一致的：那天的戰況真的空前慘烈。

《高麗史》的《金方慶傳》記載：

舍舟三郎浦[9]，分道而進，所殺過當。倭兵突至，衝中軍。長劍交左右，方慶如植，不少卻，拔一嗃矢，厲聲大喝，倭辟易而走。之亮、忻、抃、李唐公、金天祿、申奕[10]等力戰，倭兵大敗，伏屍如麻。忽敦曰：「蒙人雖習戰，何以加此！」諸軍與戰，及暮乃解。

日本一方的《日蓮聖人注畫贊》也記載：

同二十九日[11]辰刻，東鄉入道覺忠子息三郎左衛門景資、[12]大友出羽守直泰……總九國兵集戰，故死者相枕。

7 陳太先譯，《拿破崙文選》（上），商務印書館，1980年，頁57。

8 北岡正敏提出，在百道原，東征軍同日本軍的兵力對比是1:20.5；在博多是1:17.5；在今津是1:5.8。雖然他的計算方法靠不住，日本軍的數量優勢卻不容置疑。

9 池內宏和山口修都認為是佐原或鹿原的日語發音訛誤。

10 這些人都是高麗軍將領。

11 十九日之誤。

12 即少貳景資。

竹內榮喜提出，古代用冷兵器進行的決戰，比現代戰爭決出勝負的時間要短得多。例如日本戰國時代三萬織田軍和二萬淺井軍的姊川之戰，從早上五點開始，打到午後二點結束；著名的關原之戰，七萬東軍和八萬西軍，從上午八點開始，打到午後二點半結束，大體都是半天左右。[13]六百年前東征軍和日本軍，人數少了很多，居然也從早上苦戰至日暮，可見戰鬥之膠著和激烈。

種種跡象表明，因為一開始不習慣集團戰術，日本軍有潰退的跡象。東征軍一路衝過百道原內陸的麁原，又占領了赤坂的高地，乘勝朝東邊的博多深入，眼看就要同劉復亨軍匯合。

就在這個時候，發生了兩起扭轉戰局的事件。

第一起，是日本軍的生力軍開始陸續到達。趁著東征軍剛從赤坂的高地下來，在松原立足未穩的時機，肥後的御家人菊池武房率領一百三十名騎兵、詫磨賴秀率領一百名騎兵，從後方出其不意地殺過來，衝亂了東征軍的陣勢。另外，松浦黨、原田、日向、栗屋、山田、詫間、菊池等各族的武士，也相繼投入廝殺。為了暫避鋒芒，東征軍不得不分兩路，大部分退往麁原，一部分退往別府的塚原，打算在鳥飼匯合後重整陣形。

就在這個關鍵時刻，有一個本來微不足道的人物，以他近乎蠻橫的執著，加上一點點運氣，居然把從來只照射在偉人和強者身上的歷史聚光燈，硬生生扭向了他自己，而把前者貶作了自己故事的配角。此人是竹崎五郎兵衛季長，此後我們就稱他為竹崎季長。他當時和日本軍主將少貳景資同齡，也是二十九歲，肥後國（今熊本縣）的御家人。馬上就要到而立之年的竹崎，還是個「無足」，也就是沒有幕府賜予的「所領」的小武士。他在自己家裡也是庶出，沒分得什麼家產，窮得叮噹響，一聽說前方有仗打，連忙招呼上四名伴當（姐夫三井資長、旗指資安、郎從藤源太，還有一名僕役長），風風火火投奔少貳景資。

根據竹崎自己請人畫的《蒙古襲來繪詞》，他們幾人在博多陣中謁見了景資，隨後主動請纓，馳援赤坂。巧得很，竹崎季長趕到赤坂的時候，剛好遇到數百武士迎面行來，有幾人還舉著太刀或薙刀，刀尖上插著兩顆東征軍士兵的首級。當先的一名武士，紫鎧、紅袍，在馬背上左顧右盼，揚揚自得。竹崎與他互通名諱，這才知道，對方就是凱旋的菊池武房。竹崎季長一想，這邊不是明明有「死老虎」可打嗎？當下便激動得話都說不利索了，匆匆向菊池等人告了個罪，拍馬直奔前方。

片刻不到，東征軍在鳥飼的陣地已經遙遙在望了。眼見對方隊伍中「旗色紛雜，鉦鼓亂響」，果然有機可乘，竹崎季長也不打算等待後面的援軍，揚鞭就要上前。身邊人提醒他：「這

13 竹內榮喜，《元寇の研究》，頁60。

麼著急忙慌，連個證見人都沒有，將來怎麼寫戰功申報書？」[14]竹崎季長想都沒想，高喊一聲：「弓箭之道，以先得賞，衝啊！」帶著那四名同樣不知天高地厚的同伴，一馬當先衝到東征軍的陣前。

這群人一進入弓箭射程，便遭到迎頭痛擊。竹崎連同身邊另外二名郎黨，連人帶馬，身中數箭，差點當場斷氣。幸虧肥前國的御家人白石六郎通泰及時率領援軍趕到，擊退了東征軍，把奄奄一息的竹崎拖回了本陣。

竹崎季長在第一次元日戰爭中的短暫經歷，至此，便頗有些滑稽地畫上了句號。不過，他這番苦頭並沒有白吃，我們稍後還會講到。

六、「流將公」中箭

第二起事件，發生在博多方面的東征軍中，非但幾乎扭轉了當天的戰局，甚至對整場戰爭都產生了不小影響。這裡距離日本軍的大本營更近，承受的壓力比百道原上陸的東征軍更大，戰況自然也更慘烈。可惜，目前找不到什麼史料來仔細描述。不過，博多上陸的東征軍由左副元帥劉復亨指揮。老劉頭身經百戰，天南地北，什麼大陣仗沒見過？這種小場面，自然不在話下。於是，只見他領著一幫帳前的親兵，一會兒在前方督陣，一會兒出入行間，指授方略，好不愜意，輕敵之心也悄悄滋長。不料，在一霎時的混亂之中，劉復亨劈頭撞見了日本軍的前線總指揮少貳景資。

據少貳景資回憶，當時他看到一條大漢，身長七尺，幾縷美髯，優雅地垂至肚臍邊上，身披青黑色的鎧甲，騎著一匹套著黃金鞍的葦毛馬，由十幾名騎兵和七十多名步兵簇擁著，來回奔馳。（《八幡愚童記》）

劉復亨這套出場行頭，確實有宋元通俗演義中呂布、關羽之類的名將風範。我國古代的軍事人物，以如此光輝高大正面的形象，出現在外國的歷史記載中，大概也是鳳毛麟角，很值得誇耀一番了——如果沒有接下來發生的事故的話。

接下來，畫風突變。兩人大概同時判斷，對方裝束不凡，如果不是主帥，至少也是一員大將！不等少貳景資遲疑，敵方大將竟然把大部隊拋在身後，拍馬向他撲來。少貳景資佯裝不敵，策馬轉身就跑。一追一逃之間，他瞅著一個空當，拉弓、轉身，瞄準衝在最前方的大將就是一

14　鐮倉御家人申報軍功，須有戰場上的證人作證，這種證人可通過互換頭盔（兜）等儀式提前約定。見　幸彥，《神風の武士像——蒙古合戦の真実》，吉川弘文館，2001年，頁123。

箭。少貳景資在日本軍中素以善射著稱，這一箭呼嘯而去，狠狠透入對方的前胸護甲，那人大吼一聲：「哇呀！」從馬上跌落下來，面色蒼白，雙眼緊閉，不省人事。後面的親兵連忙一擁而上，抱起落馬的軍官，朝海邊撤退。

那匹套著「金福輪鞍」的葦毛馬，沒了主人，在暮色深沉、屍橫遍野的戰場附近徘徊不去，發出陣陣長嘶，被日本軍士兵牽了回來。後來審訊「蒙古俘虜」時，日本人才得知，這是「大將軍流將公之馬」。《高麗史》的《金方慶傳》也說，當天會戰中，「復亨中流矢，先登舟」。這個「流將公」，必是「劉將公」無疑。

在筆者閱讀過林林總總的研究資料中，似乎只有服部英雄不相信少貳景資撿了個這麼大的便宜。[15]服部提出兩點質疑：一是「將公」和「復亨」漢語發音差太遠；一是劉復亨作為全軍的副元帥，不可能衝鋒在前。《高麗史》說劉復亨「中流矢」，應該是在陣中被亂箭射傷。這兩個說法如今看來都不成立。「將公」誠然無法對應「復亨」，但發音近似「相公」，特別是《八幡愚童記》中的「大將軍流將公」，既稱大將軍又稱「將公」，語涉重複。在宋元俗語中，「相公」是對有地位的男子的尊稱。宋代不僅宰相可稱相公，一些高級武官也稱相公，例子在正史和筆記小說中隨處可見，如拳打鎮關西的魯智深口中的「經略相公」。想來，那個俘虜說的大概是：「大將軍劉相公」。何況，劉復亨被抬回來時，並不會老實坦白：老夫當時是利令智昏，終日打雁，倒被雁啄瞎了眼。征戰幾十年，身上大小戰創，少說也有十幾處了，這麼屈辱地被人從馬上射下來，大概還是頭一遭。連坐騎也丟了，讓老劉頭的臉面往哪擱？只好掩飾一二，推說是中了什麼「流矢」。

這個時候，太陽已經漸漸西斜，兩軍苦苦鏖戰了一整天，沒有幾人不是渾身帶傷、又乏又餓。百道原和麁原方面，東征軍遭到慘烈阻擊；博多方面，指揮官又負了傷，暫時退出火線。雙方都沒有從敵人那裡討得什麼好，天黑了，只好各自收兵回營。日本軍收縮到太宰府附近、天智天皇時代構築的一座「水城」周邊。這種水城原是日本在朝鮮半島敗給唐朝之後，為防範唐軍來襲而構建的海防工事，孰料六百年後真的派上了用場。這座水城據說被北條時宗重修過，「石壁高丈餘，亙數十里，其上平坦可騎」（《元寇紀略》）。特恩布納還實地考察了水城遺址，發現城寬四十公尺、高十五公尺，坐落在面向博多灣的山間平地上，高處架設水渠，引水入城濠。[16]為了提防敵人夜襲，除了在岸上布置部分巡哨，元朝東征軍的主力部隊乾脆回到近岸的船上休整。

15　服部英雄，《蒙古襲來》，山川出版社，2014年，頁105-106。
16　Stephen Turnbull, *The Mongol Invasions of Japan 1274 and 1281*, p.48.

第七章

「文永之役」三大疑案

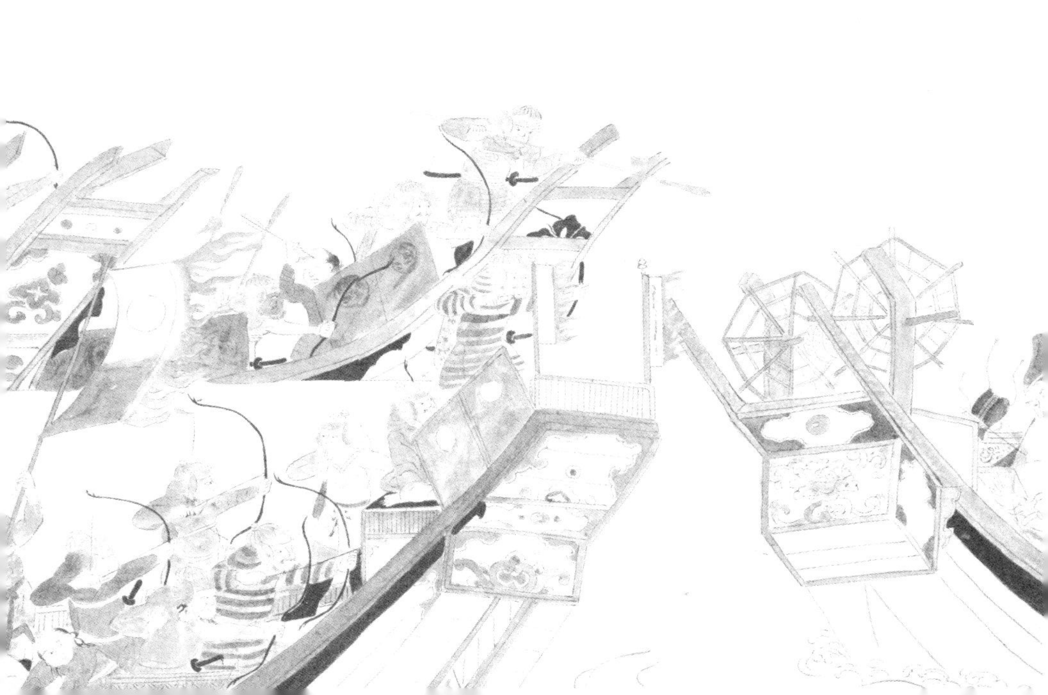

一、「矢盡而還」？

十月二十日晚，夜色籠罩下的博多灣，自喧囂重歸寂靜，只有玄界灘湧來的海浪，不停沖刷著岸邊的礁石，發出有規律的嘩嘩聲。不過，只要稍稍仔細感覺，灘頭仍然彌漫著一股忽濃忽淡的血腥味，黝黑的松林裡也是殺機四伏。

此刻，在東征軍船隊的旗艦上，高級將領們圍坐一桌，眉頭緊鎖，相顧無言。是退還是進？真個愁煞人。隔壁另一間船艙內，「流將公」自從被親兵七手八腳救回來後，就一直賭氣僵臥在一塊木板子上，此刻又是箭瘡發作，疼得齜牙咧嘴。

老劉頭算是廢了，一時半會指望不上他。都元帥忽敦無奈地瞧了洪茶丘等人一眼，發現在座諸位對這一事實均心照不宣。過了許久，還是金方慶脾氣急，耐不住氣氛沉悶，先開了口：

兵法上說：「千里懸軍，其鋒不可當。」我軍人數雖然不多，但既然進入了敵境，士兵人人都會拚命。春秋時候，秦國將領孟明視攻打晉國，渡河之後就把自己的船燒了，韓信背水列陣，大破趙軍，都是這個道理。還請大帥下令，明日繼續戰鬥。

忽敦閉上眼睛，考慮了一會兒，沒同意老金的要求：

金將軍說的有理，但是兵法上也說：「小敵之堅，大敵之擒。」我軍目前已經很疲勞了，探子回報，敵軍的增援好像還在不斷趕到。這麼硬拼下去不是辦法，還是撤退吧。

以上是《高麗史》中原原本本的對話，翻譯成了現代白話。金方慶的立場，正是如前所述的《孫子兵法．九地》中「輕地則無止」、「投之亡地而後存，陷之死地然後生」這類意思。忽敦引用的「小敵之堅，大敵之擒」，來自《孫子兵法．謀攻》，說是人少就不要跟強敵死磕。這都是些老生常談。與其相信，在這場關鍵的內部會議上，東征軍將領紛紛就古代最偉大兵學著作的理論聯繫實際問題，心平氣和交換了各自的心得，筆者毋寧相信，當時眾人吵得面紅耳赤，不歡而散。這番對話，不過是編好給別人——特別是忽必烈——看的一套說辭，如果出了事，大家表面上都有理有據。

在這場爭論中，洪茶丘是什麼立場，迄今還沒有發現任何記載。隔壁的劉復亨，作為沙場經驗豐富的老將，本可以貢獻一點更有建設性的意見。如今，這些話到了嘴邊，只剩下強忍傷痛的哼哼呀呀，沒人聽得明白。

《高麗史》接下來記載：

遂引兵還。會夜大風雨，戰艦觸岩崖，多敗。侁墮水死。

看來，主張撤退的意見最後占了上風。然而，沒過多久，北九州地區就刮起了大風。夜半時分，居然惡化成了風暴。東征軍的船隊在狂風怒濤中上下顛簸，不是互相擠撞，就是觸礁沉沒。高麗將領金侁還倒楣掉進海裡，搶救不及，一個浪頭打下去，人就不見了。東征軍夜裡平白無故又損失一場，只好收拾殘兵，掉頭返回合浦港。

不少研究者正是這樣把「大風暴」看成東征軍撤退的主要原因。日本氣象學家荒川秀俊指出，從一九五〇年以後六十年間的氣象統計資料看，農曆十月二十日以後，西日本從來沒有過颱風登陸的現象，這場沒來由的「大風暴」實在是有些可疑。

當然，東征軍為何撤退，《元史．日本傳》還有個更實際的說法：

官軍不整，又矢盡，惟虜掠四境而歸。

一九九〇年代，有位非常認真的日本學者太田弘毅，就「官軍不整，又矢盡」這七個字到底是什麼意思，寫了一篇很長的文章。歸納起來，太田覺得「官軍不整」主要有兩層意思：一是「軍議不合」，說的就是忽敦、金方慶等人各執己見，不相上下；一是東征軍船隊的組成太龐雜，指揮調動不便，高麗修造的這批船，新舊參半，容易破損。「矢盡」則是說，當時東征軍頻繁使用弓箭齊射，加上鏖戰竟日，箭矢消耗遠遠超出預計。第一次東征結束後，元朝開始專門派人到高麗的慶尚道、全羅道等地，搜刮民間的「箭羽、鏃鐵」，又勒令高麗朝廷「除造戰船及箭鏃」。（《高麗史》卷28）可見「矢」確實是「盡」了。[1]

太田對「矢盡」的分析，還算比較中肯，至於「官軍不整」，大概不是說船的事，而是元軍本來人數就少，大戰之後，各千戶、百戶更是減員嚴重，又沒有增援補充，加上裝備損毀，彈藥消耗。這些問題，如果首戰告捷，也許不會這麼早暴露出來，可現在情況就很嚴峻了。既然第二天沒有再拼一場的實力，不走還等什麼？全軍已經撤回船上，打算朝對馬、壹岐方向航行，誰料又遇上了風暴，誠然可憐，但那並不算東征軍撤退的主要原因。

1 太田弘毅，《蒙古襲來：その軍事史的研究》，錦正社，1997年，頁5-32。

二、忽必烈的「祕密武器」？

《八幡愚童記》記載，東征軍使用的箭矢雖短，但矢尖塗有毒藥。後來的《元寇紀略》乾脆誇張地形容：「毒箭雨注，中之者皆斃」；日本軍據說還遭到了「鐵砲」轟炸，這種武器和足球差不多大小，「連發二三千，飛鳴如雷，其勢迅於車輪，下坂煙暗，不知東西。」

東征軍到底有沒有使用「毒矢」或「鐵砲」這類「非常規武器」呢？

多數研究者預設《八幡愚童記》記載屬實。只有李則芬在《元史新講》（二）第十章《元軍二征日本》中，專門寫了一節（《幾個無稽之談》），極力主張這兩種武器是子虛烏有的編造：「中外的蒙古歷史，都沒有毒箭紀錄。」若說是東征軍中的女真族士兵用了「毒矢」，還能說得通，畢竟中國古代有些東北少數民族，如勿吉、靺鞨和挹婁，是有過「造毒箭」的傳說，但《金史》卻從未有過關於毒箭的記載。何況，古籍記載，製造毒箭有特定的季節（七、八月），毒性一定也有時效。東征軍出征遷延甚久，就算有毒箭，毒效大概早過期了。

至於什麼「鐵砲」，李則芬以為更是荒唐，一定是把元朝採用西域傳來的「西域砲」攻克襄陽的故事，照搬到了日本。因此，他針對當時的東征軍絕不可能使用西域砲，做了許多考證。[2]

李則芬半生戎馬，國民黨軍敗退臺灣後，折節著史。《元史新講》這一章，比較完整地介紹了戰爭始末，其中許多觀點，今天仍有參考價值。前面講忽敦和忻都不是一人，就採用了李則芬之說。不過，他也講了不少極為武斷的話。比如，各種記載都明說趙良弼出使，從今津上岸，到了太宰府。李則芬卻一口咬定，趙良弼只到過對馬島，回來報告的那些什麼「睹其民俗，狠勇嗜殺」、「其地多山水」云云，都是對馬島的情況，做不得數。這就近乎不講道理了。關於「毒矢」和「鐵砲」，也是一樣。

果真如李則芬所說，「中外的蒙古歷史，都沒有毒箭紀錄」嗎?也不盡然。南宋《黑韃事略》裡列舉了蒙古軍的幾種箭矢:「有響箭、有駝骨箭、有批針箭」。「批針箭」又作「迷針箭」，白石典之認為可能就是毒箭。「東北亞細亞和西伯利亞民族自古常用烏頭一類的植物性毒藥進行狩獵」，《蒙古祕史》中有成吉思汗和窩闊台頸部中箭，要別人吮吸淤血吐出的記載，白石典之也認為是毒箭存在的證據。[3]成吉思汗的父親也速該，回家半途中偶遇塔塔兒部的人，一起吃了頓飯，就被趁機下毒身亡。如果蒙古人從不用毒，為何隨身攜帶毒藥?

這些記載雖然比較間接，大抵不難了解，毒箭並不是什麼特別高端的武器。《天工開物》記

---

2 李則芬，《元史新講》(二)，頁162-166。

3 白石典之編，《チンギス・カンとその時代》，頁265-266。

載了一種「射猛獸藥箭」，「用草烏一味，熬成濃膠，蘸染矢刃，見血一縷，則命即絕，人畜同之」，也沒聽說還有什麼保質期。至於李則芬拿臺灣當地的農藥「速滅松」、「益農產」保質期不到半月當佐證，我們只能一笑置之。

最近的一種質疑聲音，來自北岡正敏。他推測，「毒箭」或許是有，但是毒效微弱，否則，竹崎季長身負多處箭傷，絕無可能活蹦亂跳地從九州溜到鐮倉邀功；也可能東征軍為提高己方士氣和恐嚇敵軍，散播了關於「毒箭」的虛假宣傳。[4]

毒箭之有無，先不妨存疑，東征軍的「鐵砲」就比較確實了。李則芬先存了西域砲是一種火器的誤解，又誤以為日本人記載的那種火器就是西域砲。西域砲只是一種威力更大的拋石機，彈石重達一五〇斤，「入地七尺」。[5]何況，東征軍的「鐵砲」和西域砲並沒有什麼關係。

博多灣考古發掘出來的幾個鐵疙瘩，《八幡愚童記》、《太平記》等文獻的描述，再加上《蒙古襲來繪詞》的圖像證據，完全可以肯定，「鐵砲」就是宋元戰爭中常用的「鐵火砲」：一種用鐵質球形容器裝填火藥的拋擲炸彈。北宋初期的「火球」類火器，一開始是用紙殼包裹，後來用陶瓷的火蒺藜、火罐，金朝改用鐵罐，有合碗、罐、葫蘆、圓球四種形制。到了南宋同元朝沿長江對峙的時候，「荊、淮之鐵火砲，動十數萬支」。（李曾伯《可齋續稿》後卷5）元朝軍隊圍攻廣西靜江府時，一個姓婁的南宋軍官和他手下兩百多條漢子不肯投降，點燃了一枚「火砲」，集體自殺，「聲如雷霆，震城土皆崩，煙氣漲天」，圍城的元軍「多驚死者」。等火滅了再看，「灰燼無遺矣」。（《宋史．馬塈傳》）可見爆炸的威力不小。[6]

將「鐵砲」和西域砲混為一談，多半是受了《元寇紀略》的誤導。《元寇紀略》在「鐵砲」的記載後，插入了一大段小字考證，其中很大一部分就是關於襄陽西域砲的。但是，在這段考證最前面，確實提到了南宋採石之戰用的「霹靂砲」，「以紙為之質，實以石灰、硫黃，投水中而火，自火跳出，紙裂而石灰散為煙霧，眯人耳目」，還有金朝同蒙古作戰用的「震天雷」，「以鐵罐盛藥，以火點之，砲起火發，其聲如雷。」不論是「霹靂砲」還是「震天雷」，和東征軍使用的「鐵砲」都屬於同一類型的火器。

不過，在當時的中國內陸，「鐵砲」主要用於要塞攻防，很少在野戰中出現。我們能找到的元初戰例，來自《元史．李庭傳》。一二八七年（至元二十四年），東北的蒙古宗王反叛忽必烈，剛參加完第二次征日戰爭的女真名將李庭，領兵北上平亂。某日，李庭追擊叛軍到一條大河前面，眼見天色已晚，叛軍已經在河對岸紮營。李庭「選銳卒，潛負火砲，夜泝上流發之，馬皆

4　北岡正敏，《蒙古襲來の真実：蒙古軍はなぜ壊滅したのか》，頁214-215。
5　楊志玖，《蒙元代「回回砲」的東傳及其作用》，《元代回族史稿》，南開大學出版社，2003年，頁328-336。
6　王曾瑜，《宋朝軍制初探》（增訂本），中華書局，2011年，頁386。

驚走」。趁叛軍失去戰馬，李庭率主力在下流泅渡，大勝叛軍。

在這個故事裡，「鐵砲」主要用來達成奇襲，因為聲光效果駭人。它在博多灣附近開闊的野地上，究竟有多大殺傷力，還是個疑問。其實，「毒矢」也是如此。這兩種武器的實際效果，決計不會像日本記載中描繪的那麼誇張，然而，也不是什麼單方面的「虛構」或「編造」。這次戰爭，是否也承擔著元朝軍方對這兩種「非常規武器」的實戰檢驗呢？

三、敗了？勝了？

一二七四年（元至元十一年，高麗元宗十五年，日本文永十一年）農曆十月二十一日，凌晨，日本軍派往前方的斥候，將一個令人難以置信的消息傳到了博多的大本營——太宰府水城：「百道原、博多、箱崎、今津各處水面上，不見『異國賊』的一人一船！」

一夜之間，窮凶極惡的敵人走得乾乾淨淨。仔細搜尋之下，日本軍在志賀島附近發現了一艘剩下的元軍船隻。這艘船大概是風暴中與大軍斷了聯繫，迷失航向後漂流至此。船上據說有百餘名東征軍士兵，多數被抓到水城之前，斬首示眾。圍觀的九州武士齊聲歡呼，久久不肯散去。經歷昨日的血戰，包括竹崎季長在內的許多普通武士，大家都有劫後餘生之感。

異國賊的船隊撤離並在夜裡遭遇風暴沉沒的喜訊，到十一月六日，才通過報捷的快馬送到京都的朝廷。八日，龜山上皇儘管前一天剛向十六社[7]進獻了祭品，祈禱西國的莽夫們趕緊把蒙古人趕跑，但接到大勝的捷報後大喜，又親自前往石清水的八幡宮舉行了還願的「御祈謝」；第二天，他又跑到賀茂社和北野天滿宮，舉行了謝神的「御報賽」。

第二年（一二七五年，日本後宇多天皇建治元年，元至元十二年）的十月二十九日，武士們日思夜想的軍功嘉獎令也下來了。這次只有一百二十多名武士獲得賞賜。其中，一個叫山代諧的松浦黨武士，在戰鬥中陣亡，幕府把肥前國惠利地方的一個地頭職位，賞給了他的兒子龜丸。這份行賞狀保存了下來：

將軍家 政所下 肥前國惠利：

補任 地頭職事

龜丸：

7 十六社分別為：熊野若王子神社、東天王岡崎神社、市比賣神社、西院春日神社、京都熊野神社、六孫王神社、長岡天滿宮、わら天神宮、新熊野神社、豊國神社、吉祥院天滿宮、今宮神社、栗田神社、藤森神社、御香宮、御靈神社。

右，亡父山代彌三郎諧，以去年蒙古合戰之功勳受賞，施行間，望能及早依先例處分之狀。

仰如前件，以下。

建治元年十月廿九日　安主菅野　知家事

今左衛門少尉　藤原

別當、相模守　平朝臣（北條時宗）

武藏守　平朝臣（北條義政）[8]

與日本全國上下一片歡天喜地、輕歌曼舞成鮮明反差，元朝東征軍回國的路途顯得格外坎坷和遙遠。當初乘潮殺入博多灣的洶洶氣勢，今已蕩然無存。《高麗史》記載，直到十一月二十七日，東征軍才遠遠望見了合浦港。換句話說，返程比去程多花了一倍的時間。估計夜裡遭遇大風暴後，東征軍船隊花了大量的時間和人力，在海上搜救落水人員，集合失散的艦船，然後收拾心情和殘兵，盡量擺出一副若無其事的樣子，緩緩駛入沒有花瓣飄灑，也沒有凱歌和歡呼聲的高麗海港。

回來一點人數，「軍不還者，無慮萬三千五百人」。（《高麗史節要》）損失了大約一半的兵力。

當年十二月，高麗軍將領金方慶等人回到了高麗的王京。過了年，正月還沒過，三大主帥忻都、洪茶丘和劉復亨就奉命返回大都，向忽必烈報到。

「惟虜掠四境而歸」（《元史・日本傳》）——元朝官方給這場損兵折將的遠征定了性。不是「虜掠」嗎？東征軍和日本軍激戰了一天，一邊是「伏屍如麻」，一邊是「死者相枕」，撤退的時候拾點東西回來交差，還是很容易的。於是，《金方慶傳》就說：「到合浦，以俘獲器仗獻帝及王」。和這批「珍貴的」戰利品一同抵達大都的，自然還有三大主帥和帥府僚屬。於是，《元史・世祖本紀》就說，第二年的二月丙辰（十五日），「賞東征元帥府日本戰功，錦絹、弓矢、鞍勒」。

劉復亨的戰馬和金鞍，都丟在了大海另一邊，如今得了一套御賜鞍勒，加上他是主帥中唯一掛彩的「把阿禿兒」（勇士），聖上難免要溫言慰勉幾句。老劉頭一高興，胸前的箭傷彷彿好了一大半。他大概想不到，將來自己的兒孫請人寫墓誌銘之類，暗地裡誇獎他「統軍四萬、戰船九百征日本，與倭兵十萬遇，戰敗之」。（《元史・劉復亨傳》）

又過了一年，高麗的忠烈王小心翼翼地提醒忽必烈：「我們的金方慶還沒受賞呢！」老實說，連洪茶丘這樣的「賣國賊」，都可以佩戴父親的「元降虎符」，忽敦、劉復亨就更不用說

8 山口修，《蒙古襲來》，桃源社，1979年，頁152-153。

了，他們的虎符上還鑲著珍珠，明晃晃好不威風。金方慶身為高麗軍的總指揮官，連個像樣的身分標誌都沒有，參加聯席會議也人微言輕，連帶著高麗小朝廷顏面無光。於是，樞密院商量後，發給金方慶一塊元朝高級軍官佩戴的虎符。皆大歡喜。

日本一方擊退了外敵侵略，自然該舉國慶賀，頒賞軍功。問題是，元朝好像也覺得自己贏了。那麼，這第一局究竟誰勝誰負？

卡爾·馮·克勞塞維茨（Carl von Clausewitz）在《戰爭論》（*Vom Kriege*）就破題把戰爭比喻成「擴大版的搏鬥」（ein erweiterter Zweikampf）。「Zweikampf」這個詞原意是二人決鬥，必然是不死不休，直到一方徹底打垮對方的肉體和意志。這是德國戰爭哲學家的理想模型。放到現實中，古今戰爭的落幕方式花樣百出，其中一種最荒謬又最常見的結果，正像兩個小流氓剛剛撕扯完，互相揍了個鼻青臉腫，站起來，還都覺得自己占了對方的便宜，面有得色。這場忽必烈為滿足一己之野心而發動的第一次征伐日本的戰爭，這場依據日本年號叫作「文永之役」的「國土保衛戰」，恰恰是以這種方式落幕的。

這個結果，已然預告了接下來更多人的悲慘命運，註定了這場只持續了一天的血戰，不過是另一個更宏大悲劇的序曲。

第八章 天邊的風暴

一、龍口慘案

一二七五年（元至元十二年，高麗忠烈王元年，日本後宇多天皇建治元年）農曆四月十五日，也就是忽必烈表彰征東元帥府立功人員的三個月後，一艘大船悄悄避開了對馬島至博多灣的交戰警戒區，向東穿過濃濃的海霧，駛入長門國的室津（今山口縣下關港）停泊。這個小港位於日本本州的最西端，往南與九州只隔了一條窄窄的關門海峽，平日裡不要說大船，連小漁船也沒見過幾隻。

根據《元史．世祖本紀》、《北條九代記》等書，在室津上陸的是忽必烈的「日本宣諭使團」：正使杜世忠，副使何文著，計議官撒都魯丁（色目人），書狀官果，加上高麗的伴送使兼翻譯官（舌人郎將）徐贊，一行五人。

忽必烈大概以為，去年小小教訓了一下那個島國，今年遣使，理應服服貼貼了吧，如果能繞開太宰府，直接找上「日本國王」，事情或許有新的轉機。日本方面記錄這次元朝使團的來意是：「今度所貢來牒狀，如前可順伏之趣也。」（《關東評定傳》）看來，還是要讓日本低頭臣服。不過，鑑於雙方已經處於交戰狀態，這次出使很可能是要命的任務。雖然正使和副使臨時掛上了禮部侍郎、兵部郎中這樣漂亮的虛銜，使團全體成員在元初政壇上都是無名之輩。

杜世忠等人二月九日從大都出發，三月十日抵達高麗王京，四月中旬登陸日本。鎌倉幕府接到地方上的報告，第一反應是大驚失色：原來自己狹長的西海岸線，處處可以登陸。沒過多久，幕府就對山陽、南海道的各國下達命令，在包括長門在內的沿海要害地區執行「警固番役」；同時，嚴厲警告去年戰爭中表現消極的御家人，宣布「或臨戰惕不進鬥，或稱守當境不馳向之輩」，都犯了「不忠之科」，今後要嚴厲處罰。（《大友文書》）[1]

「日本宣諭使團」被扣押了四個月，直到八月才由太宰府護送北上，繞開京都，前往鎌倉。九月四日，北條時宗下令，在專門處決死刑犯的龍口，將五名元使集體斬首。

《鎌倉年代記》還提到，杜世忠、何文著在被殺前分別寫下了一首「臨刃詩」：

出門妻子贈寒衣，
問我西行幾日歸。
來時儻佩黃金印，
莫見蘇秦不下機。（杜世忠）

1　王金林編，《日本歷史基本史料集》第一卷，人民出版社，2017年，頁378。

四大元無主，
五蘊悉皆空。
兩國生靈苦，
今日斬秋風。（何文著）

何文著的臨刃詩，原型是高僧僧肇被後秦國主姚興處死前，吟誦的四句偈：「四大元無主，五陰本來空。將頭臨白刃，猶似斬春風。」不過，這首詩直到北宋時才出現在一部禪宗語錄《景德傳燈錄》裡，是宋代禪僧的附會，和僧肇沒什麼關係。湯用彤在《漢魏兩晉南北朝佛教史》中就說：「唐以前無此說，偈亦甚鄙俚，必不確也。」[2]禪宗和尚很喜歡搞臨終頌偈這一套。北條時宗的父親時賴（出家後稱「最明寺入道」），臨終也坐禪作頌：「業鏡高懸，三十七年，一槌打碎，大道坦然。」杜、何等人的臨刃詩，不甚高明，別處不見記載，很可能也是禪風盛行下日本和尚附會出來的偽作，不值得多講。

「龍口慘案」過去四年後，一二七九年（至元十六年），忽必烈又派了一個使團來勸降。這個使團更是剛剛下船就丟了性命，只見《關東評定傳》記載：

弘安二年己卯六月廿五日，大元將軍夏貴、範文虎使周福、欒忠相具渡宋僧本曉房靈泉、通事陳光等著岸，牒狀之旨等如前，於博多斬首。

北條時宗悍然斬殺兩撥元使，即便在日本學者當中，評價也是高度分化。認為這是北條時宗顯示抵抗決心的「英斷」，贊許、辯護者有之；認為違反了國際正義、屬於野蠻行徑的反省意見也有之。李則芬的書裡就收錄了好幾人的評論，讀者有興趣可以參看。[3]

《三國演義》說赤壁之戰前，曹操遣使，送來一封「漢大丞相付周都督開拆」的信。周瑜「將書扯碎，擲於地下，喝斬來使」。魯肅在一旁勸說：「兩國相爭，不斬來使。」周瑜不聽：「斬使以立威！」還是把人殺了，「首級付從人持回」。

殺不殺使，無非各執一詞，哪有什麼道義上的束縛。而且，外交使節被殺，放在有使節豁免權的近代，誠然駭人聽聞，當時卻不少見。成吉思汗崛起之初，派了一個豪華商務代表團去跟西邊的強國花剌子模搞好關係，結果被對方的一個守將屠戮殆盡，引發了改變世界歷史的蒙古

2　湯用彤，《漢魏兩晉南北朝佛教史》，中華書局，1963年，頁329。

3　李則芬，《元史新講》（二），頁147-148。

西征。對方到底為什麼殺使，是圖財害命，還是像某些阿拉伯文史料說的，這些使節不僅刺探情報，還散布恐慌？現在都沒搞清楚。一二五三年，忽必烈還是藩王的時候，奉命遠征大理段氏政權。他先派了三名使節去勸降。這年冬天，兵臨大理城下，敵人已經棄城逃走，卻遲遲不見這三人露面。忽必烈一想：「城破而我使不出，計必死矣。」果然，進城一搜，「乃得三使屍」，氣得他要屠城報復。（《元史．世祖本紀》）蒙古大軍在亞歐大陸東征西討，通常會按照古老的習慣，先派出使節勸降，然後才動手。這種使節，被殺的就很多。何況，蒙古外交官又兼搜集情報，深入敵後，存活概率一半靠隨機應變，一半得聽天由命。

我們不必相信對尼采理論的一種庸俗化解釋：一切公理，到頭來無非是赤裸裸的強權意志表現。但是，人類社會的一切價值觀和道德尺度，畢竟有其特定的歷史情境。這樣說來，北條時宗斬使，確實談不上違反什麼「國際正義」。不過，他膽敢做出如此決絕的姿態，想必也做好了迎戰準備？

二、有人枕戈待旦

從一二七四年第一次戰爭結束，到一二八一年第二次戰爭開打，足足間隔了七個年頭。這七年時間，雖然不能給鎌倉幕府留下越王勾踐那般「十年生聚，十年教訓」的餘裕，但也足夠做很多事情。其中有兩件大舉動，是不能不提的。

一件是「石築地」（今名「元寇防壘」）的建造。就是以敵軍最可能登陸的博多灣為中心，修築一道綿延二十多公里的防禦工事。這道石築地從博多灣東邊的箱崎附近開始，向西經過博多灣、今津灣沿岸，延伸到今津西北的後濱。[4]工程自一二七六年（元至元十三年，日本建治二年）三月開工，期以八月完工。實際上到第二年的正月才修完主體部分，後續修修補補，一直到一三三二年（元至順三年，日本元弘二年）。這個時候，元朝皇帝已經是忽必烈的玄孫，鎌倉幕府也快倒臺了。

一九六七－七〇年，日本對博多灣一帶的石築地遺跡做了一番發掘調查。從調查結果看，這道石牆高二公尺多、底部寬三公尺多。石築地對海的一側修得很陡，不易攀登，向內陸的一側成斜面，便於防守一方上下，就是所謂的「險外易內，難攀附而易騎登，以便臨射」。（《元寇紀略》）石牆外側用大塊岩石堆砌，內部則用小石塊填滿。修築所需的石材，取自博多灣周邊地區，搬到船上運過來。修不了石牆的地點，如河口，就打上木樁（亂杭）。另外，還要準備一些

4 竹內榮喜，《元寇の研究》，頁24。

船隻、盾牌、箭矢和旗幟，以備不時之需。

當時，幕府專門設立了「要害石築地役」，以國為單位，攤派各國負責修築的區段。一國的全體封建領主，不管是不是御家人，都要按照占田多少，分擔勞役和費用。攤派的比例，從大隅國的課稅文書看，是有一町田地，就有義務修築一尺；如果一個領主有一百町地，就要修築三十多公尺石築地。一開始，領主帶著領地內的農民去工地搬運石材、修築工事，後來乾脆變成了一種稅，幕府把錢收上來，另外雇人幹活。

同看得見、摸得著的石頭牆相比，另一件就有些誇張了。一二七五年（元至元十二年，日本建治元年）十二月，幕府向九州諸國加上安芸國的御家人宣布，要搞「異國征伐」。

這個有點瘋狂的想法，是打算來年初春，以九州的軍隊和水手為主力，編成一支遠征志願軍，由總司令少貳經資率領，漂洋過海去回敬一下敵人。雖然沒有明說是哪個「異國」，但種種跡象表明，就是高麗。

幕府馬上下令統計九州地區可以動員的兵員姓名、年齡、裝備，還有船舶、艄公和水手等資訊。這項工作來年三月二十日前必須結束，四月中旬，遠征軍就要在博多灣完成集結。

第二年，御家人紛紛按期上交「注進狀」。從保存至今的幾份狀紙看，大多在哭訴各種各樣的困難和妨礙。幕府一看，大家興趣缺缺，只好作罷。[5]不過，也有一些積極分子自發在高麗沿海搞了一些小規模的海盜活動。《高麗史》記載，一二八〇年（高麗忠烈王六年，日本後宇多天皇弘安三年），「倭賊入固城、漆浦，擄漁者而去」。沒過幾天，「倭賊又寇合浦，擄漁者二人以歸」。嚇得高麗慌忙加強南部的海警，又派人去元朝搬救兵。

前面講過，北條時宗一貫秉承「攘外必先安內」的政策。第一次戰爭前，他就趁機除掉了自己的哥哥時輔和名越家族。這次，趁著國內抓緊備戰的工夫，他又把九州和其他好幾個國（筑後、肥前、肥後、周防、長門、石見、伯耆、越前、能登）的守護，都換成了自己人，再度強化了執權的權力，即所謂「得宗專制」。[6]

除了正經的備戰，第一次戰爭期間在日本蔚然成風的「敵國降伏之祈禱」，如今也是花樣翻新。除了朝廷繼續在比叡山延曆寺和山上四王院舉行「異國降伏的御祈」、「大法樂」佛事，一二八一年（日本弘安四年）六月十八日，龜山上皇心血來潮，要在皇家佛堂舉辦什麼「轉讀」[7]《心經》三十萬卷活動。京都的公卿殿上人等，共二百五十人，每人分到了一二〇〇卷的轉讀任

5 黑田俊雄，《蒙古襲來》，頁100-103。
6 網野善彥，《蒙古襲來》，小學館，1974年，頁249。
7 以抑揚頓挫的聲調朗讀。

務，堪稱一時盛會。[8]

本書引子提到的那對主賓，北條時宗和無學祖元，也不甘人後。北條時宗年輕氣盛，搞了一個刺血寫經，就是蘸著自己的血，和著墨抄寫佛經。刺血書經講究很多，如果經書篇幅很短，可刺舌尖之血，如果篇幅太大，就要刺指頭或者手臂的血，又或者混合一些金粉、朱砂、墨汁之類，刺血之前還要齋戒忌食。（印光法師《複弘一師書之一》）也不知道時宗刺的是什麼血，不過，龜山上皇讀的《心經》才二六〇個字，時宗抄的《金剛經》和《圓覺經》，動輒幾千甚至上萬字，足見「勇猛精進」、「重法輕身」了。因此，無學祖元為了勉勵北條時宗，特地升座發布了一段法語，其中說道：

> 諸佛坐寶蓮，常說如是經。一句與一偈，一字與一畫，悉化為神兵，猶如天帝釋與彼修羅戰，念此般若力，皆獲於勝捷。今此日本國，亦願佛加被，諸聖神武威，彼魔悉降伏，生靈皆得安，皆佛神力故。（《佛光國師語錄》卷3）

讀經抄經，無非是為了釋放一下心理壓力，有壓力實在太正常不過。因為，日本人不可能不了解，短短七年時間，東亞世界的格局就發生了翻天覆地的變化。祖元和尚之所以要東渡日本，恰恰說明，此前唯一為日本分擔了元朝大部分軍事壓力的南宋，已經從地圖上消失了。[9]

三、有人實力暴漲

杜世忠一行在龍口被斬首的消息，過了四年才傳到了忽必烈那裡。當年，高麗忠烈王派了一名翻譯官和三名水手、艄公送杜世忠等人前往日本，只有四名艄公活著回來報信。一二七九年（元至元十六年，高麗忠烈王七年）八月，一名叫池瑄的高麗使臣，押送著這幾名倖存者兼目擊證人，出發前往大都，向忽必烈報告這個壞消息。

接到高麗的報告，忽必烈面沉如水。「宣諭日本使團」下落不明，他多少也預感到，這次遣使大概不順利，不料小小島夷，居然不識抬舉到這個地步。好在忽必烈並沒有把征服日本的希望寄託在這個使團上。早在戰爭結束的當年，他就派出了一支一千四百人的原南宋軍（「蠻子軍」）進駐高麗北部，同時繼續逼迫高麗供糧、造船、造箭。可見，忽必烈早就準備來硬的一手。他遲

8　相田二郎，《蒙古襲來の研究》，第63頁。

9　日本的《勘仲記》在1279年（元至元十六年，日本弘安二年）七月廿五日寫著：「如傳聞者，宋朝為蒙古已被打敗，日本是危……」（王金林編，《日本歷史基本史料集》第一卷，頁377。）

遲隱忍不發，甚至接到龍口慘案的報告後又等了兩年多，卻是另有原因的。

一二七六年（至元十三年）初夏，四月二十八日，占領臨安、完成南北統一大業的伯顏，押送著南宋的小皇帝和太后一行人，從大都北上，緩緩經過驛道，前往忽必烈避暑的上都。一路上，這支報捷的隊伍前面，始終豎著一面巨大的紅色旗幟。這面大旗，或許就是伯顏下令屠殺南宋常州全城軍民之時，讓自己的帳前牙兵插在城樓最高處的那面「赤幟」。現在，這面浸染了血腥和殺伐之氣的帥旗上，用金線繡著四個龍飛鳳舞的大字：「天下太平」。（劉敏中《平宋錄》）

天下是統一了，可是沒有太平。

伯顏向忽必烈獻上了一份不折不扣的大禮：「得府三十七、州一百二十八、關一、監一、縣七百三十三，戶九百三十七萬四百七十二，口千九百七十二萬一千一十五。」（《元史．世祖本紀》）這是新併入大元版圖的原南宋基業。忽必烈接過禮單，心情卻是喜憂參半。喜的是臥榻之側再無他人酣睡，自己終於成為名正言順的「中國之主」；憂的是偌大一塊肥肉，實在不好消化。先不說南宋最後一支成建制的抵抗力量，三年後才在崖山海戰中覆滅，就是已經到手的江南地區，還年年爆發叛亂。大小「劇賊」，前仆後繼，死灰復燃，或殘破一州一縣，或席捲數省。東征日本，暫時是有心無力。於是，幾乎就在同一時間，元朝中書省下令高麗：暫停造船、造箭。各地已經造好的箭矢，經「軍器別監」檢閱後，「藏於京山府碩州」。（《高麗史節要》）。

當然，吞滅南宋，遠遠沒有填滿忽必烈的欲壑，反倒助長了他征服日本的野心。南宋亡國那年，夏貴、呂文煥、范文虎、陳奕等一批投降元朝的南宋將領北上覲見。忽必烈當場就讓身邊的一名近侍問話：「日本可伐否？」降將們連忙異口同聲表態：「可伐！」這位近侍實在聽不下去，在一旁說：「宋與遼、金打了快三百年的仗，現在天下太平，百姓好不容易喘口氣。要打仗，不妨再等幾年。」（《元史．耶律希亮傳》）

那麼，問題來了，平穩順暢地消化吸收南宋的土地和人口資源，同時對外採取擴張主義，二者看似是無法調和的政策目標。不過，元朝很快就發現了一個多少可以兩全其美的思路：把江南社會的不安定因素輸出到海外去，把國內矛盾轉化為外部矛盾。

江南社會維護穩定的最大負擔，就是南宋總數高達六七十萬的職業軍隊。唐末五代以來，募兵代替了徵兵。兩宋的軍隊說是「募」的，其實不外乎以下幾個來源。一是「災年招兵」，每當凶歲災年，朝廷就出面把馬上要淪為流民或盜匪的人，都招到兵營裡監管起來。二是各種犯法的刑徒，也可以「招刺」當兵。三是強行抓壯丁充軍。這樣一來，兵員素質急劇下降，養兵的費用卻猛增。兩宋素稱「積弱積貧」，這個制度要負很大責任。另外，刺字黥面，本來是古代給罪犯施加的肉刑。宋代沿襲五代的弊政，當兵的照例要在臉上、手臂或手背這些部位刺上軍號。當時法醫給軍人驗屍，就要先檢查「其屍有無軍號，或額角，或面臉上所刺大小字體，計幾行或幾字，是何軍人」。（宋慈《洗冤集錄》）[10]當兵等於受刑，軍人的社會地位和人格自尊，自然一落千丈。宋人沾沾自喜，以為是「收拾一切強悍無賴游手之徒」，一變為「良民之衛」，其實正如王學泰先生所言，「本意在於把遊民軍人化，其結果卻是軍隊的遊民化」。[11]

這六七十萬職業軍隊，元朝接收以後，取了個幾乎激不起任何認同感和歸屬感的名字——「新附軍」。新附軍士兵如不願或者不能復員回家種田，只好混跡都市，拉幫結派，打架鬥毆，坑蒙拐騙，騷擾無辜，就算不同反叛軍合流，也是嚴重的社會隱患。一二七八年（至元十五年），樞密院向忽必烈報告：

> 收附亡宋州城新歸附請糧官軍、並通事馬軍人等，起初行省官員分俵軍官管領來。塔不歹說：「軍官每不肯用心存恤，多有四散在外，求趁衣食，因而做賊說謊。及有放罷為民，官員隱占。若不招誘存恤，似為不便。」（《元典章・招誘新附軍人》）

這些流氓團夥，甚至到南宋亡國快半個世紀後，還餘患未已。一三一三年（元仁宗皇慶二年），還可以看到官方報告說：澉浦（今浙江省海鹽縣南）港的出海口附近，有「新附軍人弟男子侄，結連灶戶、鹵丁、惡少、潑皮人等，糾合成群，執把器仗，白晝聚眾搶劫商船財物」，比

海盜還囂張。（《元典章．禁治搶劫船隻》）

南宋除了出身正規軍的兵痞，還有一支「特種兵」，那就是前面樞密院提到的「通事軍」。根據劉曉的研究，「通事軍」的基幹，是因各種緣由從元朝逃亡到南方來的蒙古人、色目人。[12]南宋將這些北方逃兵糾集成軍隊，打起仗來作風狠辣。南宋著名的揚州守將姜才手下就有一支「通事軍」。一二七五年（元至元十二年，南宋德祐元年），姜才帶領這支通事騎兵參加揚子橋之戰，戰敗撤退之際，嫌自己一方的步兵擠在後方擋了退路，竟然屠殺步兵，揚長而去（「所部步兵遮其歸路，才遂殺步兵，取道還揚州城」）。[13]和平年代，怎麼安置這幫桀驁不馴的亡命之徒，也讓元朝政府傷透了腦筋。

於是，只見《元史．世祖本紀》記載，一二八〇年（元至元十七年，高麗忠烈王六年，日本弘安三年）秋七月：

10　轉引自王曾瑜，《宋朝軍制初探》（增訂本），中華書局，2011年，頁271-277。

11　王學泰，《遊民文化與中國社會》（增修版），頁187。

12　劉曉，《宋元時代的通事與通事軍》，《民族研究》2008年第3期。

13　周思成，《〈馬可波羅行紀〉剌木學本「乃顏之亂」章所載「步騎相資法」新證》，《國際漢學研究通訊》13–14期，2017年。

詔括前願從軍者及張世傑潰軍，使征日本。命范文虎等招集避罪附宋蒙古、回回等軍。

一句話，趕緊讓這幫禍害去打日本！

范文虎率領的十萬「江南軍」多數就是這樣來的。這些人，打敗了是炮灰，打贏了，便是未來殖民地的第一批內地居民。

怎麼把這麼多殖民軍隊運到日本去？如今交通工具顯然不成問題。南宋一亡，新興的元朝水師馬上從長江沿線和近海解放出來。在同南宋作戰的過程中，元朝軍隊還俘獲了大量內河船舶和海船。光是丁家洲一戰，參戰的二千五百餘艘南宋戰船，落入元軍手中的就達二千餘艘，其中有「黃鵠、白鷂」海船七百餘艘。崖山一戰，元軍又俘獲海船八百多艘。二十一世紀初，日本考古人員從第二次征東戰爭的古戰場——鷹島的海底，發掘出一批漆木製品，其中一塊殘片上，用朱筆寫有「元年殿司修」等字樣，應該來自南宋殿前司（禁軍）下屬精銳水軍的船舶或者武器。中島樂章和四日市康博據此推測，范文虎率領的「江南軍」乘坐的三千五百艘戰船，多數是從南宋俘虜、接收的。[14]至於這批舊戰船中，有些倉促改造一番就出海的河船江船，在日本遇到「神風」，表現慘不忍睹，我們後面另表。

另外，南宋在明州（今寧波）、泉州、廣州等地重要的造船基地，也被元朝照單全收。[15]隨著元朝在南方逐漸站穩腳跟，為征日大軍改造或者新造戰船的工程也紛紛上馬。從一二七九年（元至元十六年，日本弘安二年）開始，元朝下令在河北、湖廣、江西、江浙、福建和高麗等地，以三千艘為額，大肆修造戰船。

據說，為了搜刮造船用的上好木料，元朝官吏及其爪牙們把江南的寺廟、道觀和百姓墳墓周圍生長多年的古樹，統統砍光。「每株大木，不下二三百人拖拽，逾山越嶺」，途經一百多里地，才到達海邊的造船廠。路費超出木價十多倍，人民傾家蕩產，也難以應付。（吳澄《吳文正公集》卷88《劉忠憲公行狀》）更後來，有人賦詩形容伐木造船給江南生態造成的破壞：

萬木森森截盡時，青山無處不傷悲。
斧斤若到耶溪上，留個長松啼子規。
（《貞和集》僧斷江詩）

14 中島樂章、四日市康博著，郭萬平譯，《元朝的征日戰船與原南宋水軍——關於日本鷹島海底遺跡出土的南宋殿前司文字資料》，《海交史研究》2004年第1期。

15 蕭啟慶，《蒙元水軍之興起與蒙宋戰爭》，《內北國而外中國：蒙元史研究》（上），中華書局，2007年，頁364-365。

為了趕工期，官府四處搜刮青壯年勞力充當工匠，「遠者五六百里，近者二三百里」，百姓「離家遠役，辛苦萬狀，凍死、病死，不知其幾」。（程鉅夫《雪樓集》卷10《民間利病》）忽必烈還下詔，在各地調集軍用物資。經辦特使動輒以「軍興法」壓人，弄得民怨載道，官吏也多是敢怒不敢言。這一時期，在南方當過官的人，他們後來的私人傳記資料中，大多可以找到一筆關於此事的負面報導。

四、得志的武士

我們暫時離開宏大的備戰場面，來仔細看看忽必烈的戰爭對東亞世界中渺小個體的命運，產生了何種影響。我們選的個案是竹崎季長，還有日蓮和尚。日蓮宗的開山祖師，被信徒尊為「聖人」，今天當然不算小人物。不過那幾年，他還只是個剛被赦免回來的流放犯。

且說竹崎季長在鳥飼的戰鬥中一馬當先衝入敵陣，僥倖生還。回到肥後國的老家（今熊本縣下益城郡豐福村）後，他一面養傷，一面巴望著幕府的恩賞。

某日，竹崎和其他「參戰老兵」飲酒小聚，競相吹噓當年戰績之際，忽然聽人傳言，山代諧家的黃口小兒龜丸，居然也進入了下一批恩賞名單，馬上就要得到一個地頭職位。竹崎實在坐不住了，憤憤不平，打算直奔鎌倉的奉行所上訪。家裡人紛紛勸阻：鎌倉殿表彰的戰功，若不是「討死」（陣亡），至少也是「分捕」（斬獲敵馘），你兩頭都不沾，無非胡亂衝了一下，至今欠著白石家的六郎一條命，趁早斷了這個念頭！竹崎不聽，執意要去。

出發前一日，親朋好友無一人來給他餞行，一摸行囊，也是羞澀見底。無奈，他只好把心愛的駿馬和馬鞍都賣掉，換了些盤纏，叫上兩個年輕的伴當，先渡海來到長門國赤間關，找上了自己的烏帽子親——加元服（成人禮）時為他戴上冠的特殊嘉賓——三井季成，打探風聲。三井很是讚賞他的勇氣，盛情款待之外，又額外贈送了馬匹和盤纏。

一二七五年（元至元十二年，日本建治元年）八月十日，竹崎季長抵達伊豆。據說，從這裡開始，他一路參拜各路神佛：三島大明神、箱根權現，等等。在鎌倉安頓好，他先去由比之濱泡了下溫泉，神清氣爽地出來參拜了鶴岡八幡宮，祈求此行得遂所願。

十月三日，經過多方活動，竹崎終於找到了肯接見自己的人——幕府的「恩澤奉行」（負責頒賜恩賞的官員）安達泰盛。

安達家族一直是支持北條政權的有力御家人。北條時宗的祖母松下禪尼，是安達義景的女兒，時宗出生的產房就設在甘繩的安達府邸。義景之子安達泰盛是時宗的烏帽子親，時宗自己又娶了安達泰盛的妹妹，兩家關係非同尋常。時宗主政之初，北條政村、北條即時加上安達泰盛，組成了手握重權的「評定眾」。「二月騷動」後，安達泰盛進一步收攬實權，徹底鞏固了自己中樞重臣的地位。

面對這樣一個大人物，竹崎開始有些結結巴巴，但總算把自己的來意表達清楚了：

「秋田城介（泰盛）大人，在下這些子勞效，誠然微末，卻是肥後武士的頭陣，少貳景資大人親口承認。此番若得不到鎌倉的恩賞，在下必將抱憾終身，有何面目再見鄉人……請您務必向鎮西奉行大人確認一下……千萬拜託了……」

見安達泰盛沉吟不語，面露難色，竹崎顧不上失禮，膝行上前，聲音急切：

「在下所言，如有半分虛假，大人可提我的首級向山內殿（北條時宗）請罪！」

苦苦央求之下，安達泰盛勉強應承，破例替竹崎再爭取爭取。

這年的十一月一日，也就是太宰府公布一百二十人的行賞決定後的第三天，沮喪透頂的竹崎季長，再次奉召來到安達泰盛的府上。

不料，剛一落座，泰盛就欣喜地向他宣布：幕府接受他的申訴，並當場將賜予領地（肥後國海東鄉）的公文批件遞到他手中。恩澤奉行親自頒賞，空前滿足了竹崎季長的虛榮心。霎時間，親朋的白眼、一路的坎坷、多日等待的絕望，都拋到了九霄雲外。眼見竹崎還沒從狂喜中回過神來，安達泰盛命人牽來一匹套著豪華馬鞍的駿馬相贈。臨行前，主人不忘一再叮囑竹崎：異國賊再來之日，一定要為肥後武士做出個榜樣，加倍奮勇爭先，建立大功！

竹崎季長美滋滋地牽著馬，心裡期盼著這一天趕緊到來。

五、孤獨的先知

在那個年代，還有一個怪人，不僅同樣期盼「元寇」再次來襲，而且還萬分肯定地預言：它一定會發生。這個人就是日蓮。

日蓮幼名善日麿，一二二二年（日本貞應元年，南宋嘉定十五年）出生在安房國（今千葉縣安房郡）小湊的一個漁民家庭。他十六歲在清澄山的天臺宗寺廟出家，第一次征東戰爭時，剛過「知天命」之年。這個人物的歷史個性，實在非常獨特。一本現代傳記的作者井上義澄，稱日蓮是「佛教改革家」。這個評價形似而神不似。實際上，他更像西方宗教史上受神聖使命感感召，傳播救贖福音的「先知」。放眼整個日本佛教史，若論先知或教主的超凡魅力，恐怕連最澄、空海也比不過日蓮這個人。

在日本，佛教的流布和光大很早，進入鎌倉時代，不免叢生出種種疲態和亂象。當時勢力最大的佛教宗派，有專為達官貴人「放焰口」的真言宗，有迷信念誦「阿彌陀佛」就能往生極樂世界的念佛宗，還有時賴、時宗父子極力扶植的禪宗。這個時候，日蓮和尚受了冥冥之中的感召（在清澄山近旁的信眾眼中卻是「瘋了」），開始拚命四處宣揚：「念佛是無間地獄業，禪宗是天魔所為，真言是亡國之惡，律宗是國賊妄說。」日蓮感到，這個時代正是《法華經》說的「末法惡世」，自己是指引正道的救世主、「本化上行菩薩」，甚至是佛祖本身。

恰好，北條時賴當權的最後幾年，接連發生地震、洪水、霜凍、饑荒和疫病等災害。日蓮和尚獻給時賴的《立正安國論》形容當時慘狀：

> 天變地妖，餓饉疫癘，遍滿天下，廣迸地上。牛馬斃巷，骸骨充路……乞客溢目，死人滿眼，臥屍為觀，並屍作橋。

當時，朝野上下，無不恐懼戰慄，禳災祈福的法事一直沒有間斷過。日蓮趁機向幕府諫言：天地災異，皆因當權者和庶民迷信真言、念佛、坐禪，背棄了《法華經》正道，若不禁絕一切邪說，還要招來更大的災禍。

《聖經．舊約》中那幾篇先知書裡面，隨處可見「我萬軍之耶和華在忿恨中發烈怒的日子，必使天震動，使地搖撼，離其本位。人必像被追趕的鹿，像無人收聚的羊……凡被捉住的，必被刀殺。他們的嬰孩，必在他們眼前摔碎。他們的房屋，必被搶奪……我必激動瑪代人來攻擊他們」等等這樣的預言（《以賽亞書》13：13－18）。日蓮的傳教就是先知式的，鎌倉日本好比他的「巴比倫」、「索多瑪」，蒙古人就是他的「瑪代人」。《啟示錄》有「七封印」、「四異獸」，日蓮也預言了一套「三災」、「七難」，包括日變、星變、大火、大洪水、大暴風、大饑荒、內亂、外敵，等等。

先知的預言總是超越時空，不斷被各種別有用心的人復活。近代日本掀起了「日蓮主義運動」，把日蓮捧為「聖祖」，叫囂以法華精神為指導，以「大日本帝國」為「戒壇」實現「宇宙統一」。「九一八事變」的主要策畫者石原莞爾，就非常癡迷這套東西。二戰後，日蓮宗與淨土真宗並稱現代日本兩大佛教宗派，日蓮宗的信徒組織「創價學會」，擁有千萬會員以及從幼稚園、小學到大學乃至政黨（公明黨）、NGO在內的一整套世俗勢力。

這些身後之「榮」，對當年惶惶如喪家之犬的祖師，並無丁點幫助。在鎌倉，日蓮咄咄逼人、毫不妥協的激進姿態，無異於明目張膽挑釁得勢的全部佛教宗派，挑戰他們背後的政治權力。日蓮推崇的《法華經》裡本有「無有餘乘，唯一佛乘」這樣嚴厲的判教。經中還說，當初在王舍城的法會上，佛陀剛一開口，就有五千僧眾聽不得這番高論，起身退場（《法華經．方便品第二》）。日蓮把這種罷黜百家、我法獨尊的「折伏思想」發揮到了極致。然而，日本的和尚和信眾，顯然沒有五千僧眾「禮佛而退」那般文明禮貌，他們順手就操起鋤頭、槍棒，鳴鼓而攻之。翻翻日蓮大半輩子的人生經歷，滿眼都是什麼「小町法戰」、「松葉之穀火攻」、「小松原法難」、「龍口法難」……總之，就是一部飽受迫害的血淚史。東西方宗教先知的傳記，大抵就是這種風格。

一二六四年（日本文永元年）初冬，日蓮帶著幾個徒弟返鄉。走到半道，天已經黑了。在小松原的一片松樹林裡，他們遭到百餘名仇家的埋伏。愛徒當場被殺，日蓮的額頭上也挨了一刀，混亂中藏到黑暗處，屏住呼吸，才逃過一劫。事後，日蓮回想起那黑夜裡向他劈來的刀，「彷彿雪亮的電光一樣」（《與南條氏信》），仍然心有餘悸。

一二七一年（日本文永八年），幕府本打算在龍口法場，給這「妖僧」來個同杜世忠等人一樣的待遇，恰好傳來北條時宗的妻子懷孕的喜訊，於是改判他流放荒島。

孰料，第二年開春，就發生了時宗、時輔兄弟鬩牆的「二月騷動」，日蓮「七難」中的內亂（「自界叛逆難」）彷彿實現了。再過兩年，又傳來元朝即將大舉入侵的消息，「七難」中的「他國侵逼難」，也不再是危言聳聽。東征軍第一次登陸日本前幾個月，幕府發布了一紙赦書，將日蓮從流放地佐渡釋放。

回到鎌倉，日蓮發現，幕府毫無洗心革面、「護持正法」的意思。幾經生死磨難，曾在十字街口大聲疾呼，漠視群氓的辱罵和拳腳的先知，也不復當年的勇銳。這次，他悄然離去，在峽谷縱橫、泉澗清幽的身延山，找了一處據說「晝不見日，夜不見月，夏天草盛，冬季積雪」的僻靜之處，結了一個四面漏風的草庵，過了九年的隱居生活，在第二次征東戰爭的次年辭世。

據說，日蓮從佐渡歸來時，曾經參與迫害他的幕府官員平賴綱，代表北條時宗詢問他：「蒙古國，何時渡到我們國來呢？」

日蓮肯定地回答說：「今年必來。」（《日蓮自敘傳》）

第一次征東戰爭結束後，身延山中的日蓮又寫了《撰時抄》，對當權者發布了更嚴厲的警告。他預言「大蒙古國數萬艘之兵船」還要來襲，因為幕府和佛教各派背棄了正法，護國的梵釋、日月、四天王諸善神都捨棄了日本，只有靠「鄰國的聖人」、「蒙古的天子」來完成上天的意圖（天の御計），實行「治罰」，結結實實教訓一下日本！

第九章

東路軍的困境

一、「八二六會議」與新戰爭計畫

就在深山中的日蓮和尚將「治罰日本」的厚望，寄託在「鄰國的聖人」身上的時候，他大概想不到，這些「聖人」們正在上都的棕毛殿內，興致勃勃地飲酒吃肉。

前面講過，上都本名「開平」，是忽必烈登基的「龍興之地」。這個地方東西皆是一望無際的青色草原，南臨清澈見底的金蓮川。每到六月，川中就會開滿金色的七瓣花草。由於地處燕山以北的高原上，夏季氣溫較低，上都也成了元朝皇帝清暑的陪都。忽必烈習慣在這裡待到九月，才乘坐大象馱載的輦車，慢慢悠悠地南下返回北京。

棕毛殿就在上都城外，據說是一座「深廣可容數千人」的白色氈帳（柳貫《觀失剌斡耳朵御宴回》），穹頂覆蓋著金色織錦。不過，那天的午宴，有幸進入大帳的賓客不多。除了高麗忠烈王這樣的稀客外，座席最靠近大汗的，自然是盛宴的主角：右丞范文虎、忻都、洪茶丘，參知政事李庭、張禧（張拔突）。

一二八〇年（元至元十七年，高麗忠烈王六年，日本弘安三年）農曆八月二十六日，這一天，是元朝第二次征伐日本的指揮機構——征東行省的主要班子成員集體亮相的日子。

當天的菜餚似乎也準備得格外慷慨。在嘉賓面前的食案上，擺放著宮廷特供的黑色馬奶酒，琉璃盞盛著的紅葡萄酒，香飄四溢，又有駝峰、燒羊、天鵝、野麋、熊掌等許多平日絕難一見的塞北珍饈。趕巧，忽必烈在剛剛落成的察罕腦兒行宮[1]附近狩獵回來，又給宴席多添了幾樣新鮮的野味，吃得滿席的賓客暗呼痛快。

酒酣耳熱之際，洪茶丘起身舉杯，一飲而盡，聲音都有些顫抖：「臣若不舉日本，何面目複見陛下！」（《高麗史》卷29）說完，貌似不經意地瞥了一眼對面端坐的忠烈王。

前征東右副元帥表過態，於是輪到范文虎等一干南宋降將。這些人無非齊聲附和，引滿舉白，賭咒發誓：這次一定要直搗京都，向聖上獻禮！

一陣喧鬧過後，高麗忠烈王也起身，跪拜如儀，將杯中美酒一飲而盡。忽必烈正要開口照樣表揚幾句，孰料，一向寡言少語的忠烈王，卻選擇在這個場合，向忽必烈提出了一連串嚴肅的建議，這就是著名的「征日本七事」。「七事」中，與即將到來的戰爭關係最大的有：請求增派鎮守耽羅的軍隊補充東征軍，即《元史·世祖本紀》說的「益兵三萬征日本」；請求減少漢軍、高麗軍，增撥蒙古軍；請求向參戰的全體高麗軍官頒發金銀牌符，徵召中國沿海的民眾充當艄公、水手，等等。不過，其中最重要的是第三事：

1　《高麗史》記作「闍斡那兀」，蒙古語意為「白色湖泊」。

勿加洪茶丘職任，待其成功賞之。且令闍里帖木兒與臣管征東省事。（《高麗史》卷29）

不少研究者注意到，忠烈王此番積極表態，同他剛繼承王位那會兒相比，不啻一八〇度的大轉彎。一二七五年（元至元十二年）正月，第一次征東戰爭落幕不久，忠烈王還派人苦苦哀求忽必烈，由於頻年供給軍需，高麗的國民經濟已經滑到了崩潰的邊緣，如果再派兵攻打日本，「其戰艦、兵糧，實非小邦所能支也」、「伏望俯收款款之誠，曲諒哀哀之訴」。（《高麗史》卷28）如今時過境遷，忠烈王本就比父親圓滑，親政三四年，他也開始有些戰略眼光，學會站在更高一點的角度為自己、為本國爭取利益。

往近了想，對面打算「異國征伐」，倭寇屢屢在高麗南部沿海燒殺搶掠，這些噩耗，自然不時傳到忠烈王耳中，令他整天憂心忡忡。若能借助元朝的力量剷除隱患，自然再好不過。往遠了想，忠烈王清楚得很，老丈人野心勃勃，一旦無法證明自己比元朝豢養的「韓奸」更有利用價值，那麼，在蒙古主導的歐亞體系中，高麗王室恐怕只能落得一個被淘汰、被取代的結局。這個征東行省（又名「徵收日本行省」）和高麗國，和未來真正的「日本行省」，會是什麼關係？該如何利用「黃金家族」的駙馬身分，提升高麗王室在蒙古世界秩序中的地位，等等，都是忠烈王不得不細細思量的問題。在上都之會上，他請求忽必烈不要重用洪茶丘，並主動把征東行省的事務攬過來，正是擺明了要抬高自己駙馬國王的地位，爭奪征東行省的最高控制權。當年十月，忽必烈下詔：「加高麗國王王賰開府儀同三司、中書左丞相、行中書省事。」（《元史・世祖本紀》）這是征東行省名義上的兩長官之一。

該表態的人都表了態，忽必烈微微頷首，相當滿意。不過，這一仗怎麼打？忽必烈也給定了調：

始因彼國使來，故朝廷亦遣使往。彼遂留我使不還，故使卿輩為此行。朕聞漢人言：取人家國，欲得百姓、土地。若盡殺百姓，徒得地何用?!（《元史・日本傳》）

換句話說，鼓勵征東行省學習一下征服南宋的經驗，不要亂搞大屠殺。這樣，民心所向，日本州郡還不望風歸降？至於具體的戰術細節，忽必烈一向是不大關心的。新的作戰方案大概是午宴結束後，由范文虎等人與樞密院的官員對著地圖（「圓看」）商量決定的。《高麗史》留下了如下記載：

於是約束曰：「茶丘、忻都率蒙、麗、漢四萬軍發合浦。范文虎率蠻軍十萬發江南，俱會日本壹岐島。兩軍畢集，直抵日本，破之必矣！」

根據「八二六會議」的精神，元朝計畫兵分兩路，一路稱為「蒙麗漢軍」，約四萬人，一路稱為「蠻軍」，約十萬人，先後從高麗和中國江南的港口出發，合擊日本。這兩路大軍，現代研究者通常稱為「東路軍」和「江南軍」，本書也沿用這個稱呼。按照最初的方案，兩軍的會師地點是高麗南部的金州，後因「風水不便」，改在日本壹岐島（《元史·日本傳》）。再後來，這個會師地點又有大的變化，我們後面再講。

二、不祥之兆初現

一二八一年（元至元十八年，高麗忠烈王七年，日本弘安四年）五月三日，東路軍在新的三大帥——忻都、洪茶丘和金方慶的率領下，乘坐大小戰船九百餘艘，自合浦港啟程。去年夏天，忠烈王在上奏「征日本七事」的末了，曾主動提出，自己會親自到合浦檢閱大軍，送勇士出征。他兌現了這個諾言。

先發的東路軍，實際共四萬二千人，其中征東都元帥忻都、洪茶丘統轄的蒙漢軍一萬五千人，都元帥金方慶和兩名「管高麗國征日本軍萬戶」朴球、金周鼎統轄的高麗軍一萬人，高麗的水手、艄公一萬七千人。東路軍的兵員構成與作戰能力，同第一次東征軍相差不多，也是駐紮在高麗的屯田軍，補充上各處抽調的侍衛親軍和女真軍。

東路軍的司令部裡，還有少數樞密院下屬的參謀軍官，負責聯絡、情報搜集和擬定作戰計畫。其中有個河北人郭明德（後來升任同僉樞密院事）應召北上，順道回家探親。鄉親們一聽是去打日本，很為他擔心，悄悄告訴郭父：「是役必乘舟浮海，前歲軍士能生還者幾人？君盍止之！」郭老爹大手一揮：要什麼緊，這小子還有個哥哥給我養老送終，「委身報國，是吾志也！」（蘇天爵《滋溪文稿》卷20《郭府君墓表》）[2]

浩浩蕩蕩衝出合浦的東路大軍中，究竟有幾人能如郭老爹這樣樂觀豁達？真不好說。反正，高麗軍的統帥金方慶，肯定不是其中之一。

六月六日，也就是東路軍出發將近一個月後，在博多灣的外側海面，金方慶正立在旗艦高聳的舵樓上，心不在焉地眺望著面前這支龐大的艦隊。微涼的海風迎面吹來，令人精神為之一振，

2　關於郭明德的記載，是已故的王頲在〈忽必烈汗遠征日本史事補正〉（《歷史文獻與傳統文化》第9集，江西教育出版社，2002年）一文中首先指出的。

卻拂不開他緊縮的眉頭。金方慶在回憶當年二月，征東行省集體向皇帝辭行的時候，忽必烈反覆叮囑的話：

> 又有一事，朕實憂之：恐卿輩不和耳。假若彼國人至，與卿輩有所議，當同心協謀，如出一口答之！（《元史·日本傳》）

「同心協謀」嗎？想到這裡，金方慶嘴角不由得掛上了一絲諷刺的曲線。怎麼個「同心」法？忠烈王向忽必烈推薦金方慶出任這次的高麗軍統帥時，曾誇他「年齡雖邁，壯心尚在」（《高麗史》卷104《金方慶傳》）。但是，說實在的，在兩次征東戰爭之間，發生了太多事情，讓金方慶不免有些心灰意冷。

比如，四年前（一二七七年），金方慶的仇人向元朝派駐高麗的鎮守官（達魯花赤）誣告他謀反。這個大案震驚朝野，唯一能提出來的「證據」，不過是金方慶征戰回來忘了上繳的四十六副盔甲，卻從忠烈王、王后那裡，一直鬧到了元朝宮廷。直到忽必烈開了金口，金方慶才得洗雪冤情，官復原職。當時，領著三百騎兵，氣勢洶洶衝進金府抓人的，就是他現在的頂頭上司——忻都。

洪茶丘也聽到風聲，急忙趕來煽風點火，非要嚴刑逼供，置金方慶於死地，以便在高麗渾水摸魚。《金方慶傳》裡講，審訊時，洪茶丘命令手下拿鐵索勒住金方慶的脖子，「若將加釘，又叱杖者擊其頭」。金方慶「裸立終日，天極寒，肌膚凍如潑墨」，洪茶丘意猶未盡，直到折磨得他「身無完肌」，當堂昏死好幾次。如今，舵樓上威風凜凜的金元帥，身處千軍萬馬之中，能左右無數人的生死，但他至死也忘不了，那日，自己帶著沉重冰冷的枷鎖，跪在堂下，抬起頭，恰好看到了洪茶丘盯著他的眼神——那是一種看著註定要死之人的冷漠。

又比如，五年前（一二七六年），金方慶代表高麗為忽必烈祝壽，忽必烈一高興，賜上座，又賞了一塊虎頭金牌。金方慶回國後，在王京的城外遇到了忻都。黑黑胖胖的忻都，陰陽怪氣地調侃了他幾句。恰好，有一隻小雀飛落廊下，忻都先讓手下把雀兒抓來，放在手心擺弄了片刻，隨即讓人撲殺（「忻都令捕之自弄，繼而撲殺」）。忻都轉過頭問金方慶：「你覺得我這麼做，殘忍嗎？」金方慶見對方神色不善，只好敷衍著說：農夫最恨鳥雀糟蹋莊稼，大人殺了，也是「恤民意」。忻都冷笑一聲：俺看你們都有文化，又信佛，嫌我們蒙古人殺業重。殺戮就是俺們蒙古人的天命，只能順受，老天也不覺得這是作孽。不懂這一點，所以你們高麗人，甭管姓金姓洪，都只配當俺們的奴婢！（「此子等所以為蒙人奴僕也！」）金方慶同樣忘不了，忻都講這番話時，斜著眼睛看自己的神態——那是一種看著等待宰割的牲畜的輕蔑。

若是熟悉前述這些內情，旁觀者一定會覺得，東路軍的三大帥，忻都、洪茶丘、金方慶，被安排在一起，指揮同一支軍隊，實在有些殘忍而且詭異。按理，他們相識甚久，還一起指揮過平定高麗內亂或東征日本的戰役。然而，同生共死的戰爭經歷，並沒有在這三人中間培養出一絲一毫的袍澤情誼，倒是在彼此心裡播下了許多輕蔑、猜忌和仇恨。想到這裡，一種強烈的不祥預感，緊緊揪住了金方慶的心臟。

的確，東路軍這一路上，遠遠談不上順風順水。五月初發船後，先是莫名其妙地在高麗的巨濟島耽擱了半個來月，下旬才通過對馬和壹岐兩島。對馬島的首次交戰，高麗軍陣亡了「郎將康彥、康師子」。五月二十六日，在壹岐島附近，東路軍遇到大風，又失蹤「船軍一百十三人，艄手三十六人」。（《高麗史節要》）如今，忻都、洪茶丘兩位主帥又不按照原計畫等待主力部隊來匯合，一馬當先衝入了博多灣。這個自作主張的行動，雖然也有一些緣故，實在不無同江南軍爭功的嫌疑。

「朕恐卿輩不和」，這幾個字反覆在金方慶腦海裡迴響。在初夏六月的微風中，東征軍將帥不和的劇毒種子，只是剛剛生根發芽，初露崢嶸。不過，忽必烈這句話，彷彿一語成讖，早已註定了接下來東路軍、江南軍，乃至整場戰爭的命運。

三、東路軍搶登志賀島

從頭看看東路軍從巨濟島到博多灣的作戰經過。

五月二十一日，東路軍之一部在對馬島登陸。《高麗史》記載，與日本軍的首場戰鬥，就發生在「世界村大明浦」。這個地方，池內宏以發音相近，比定為對馬東海岸的上原郡佐賀村。中村榮孝據《對馬島志》，認為是上縣郡仁田灣岸的志多留。黑田俊雄通過實地走訪，認為也可能是對馬島西海岸瀨川的河口大瀨浦。[3]在「世界村大明浦」登陸的主要是高麗軍。金方慶先派了一個叫金貯的翻譯上岸。勸降未果後，「金周鼎先與倭交鋒，諸軍皆下與戰」，損失了兩名高麗軍官和若干士卒以後，東征軍迅速壓制了全島（《高麗史節要》）。

五月二十六日，東路軍轉向壹岐的「忽魯勿塔」（池內宏認為是「風本」），再次占領了壹岐全島。東路軍上島後，見人就殺。倖存的島民扶老攜幼，躲到大山深處，仍然風聲鶴唳，草木皆兵，日夜憂懼「異國人」搜尋捕殺。有一家的丈夫聽到妻子懷中的嬰兒大聲啼哭，害怕藏身處暴露，拖累全家，只好忍痛將嬰兒刺死。[4]《八幡愚童記》還說，這批入侵部隊攜帶了鋤、鍬一類

---

3 黑田俊雄，《蒙古襲來》，頁111-112。

4 《日蓮聖人注畫贊》：「人民不堪脫，將妻子逃隱深山，聞赤子泣聲，押寄打殺，父母惜我命，刺殺赤子隱居。」

的農具，似乎做好了長期占領和殖民的準備。5

六月六日清晨，東路軍的大型艦隊，在博多灣的志賀島（《八幡愚童記》寫作「鹿ノ島」）和能古島（「殘ノ島」）之間的海面展開戰鬥陣形。

早在這之前，元朝樞密院收到過東路軍司令部從前線轉來的請示：

> 至元十八年六月壬午，日本行省遣使來言：大軍駐巨濟島，至對馬島，獲島人，言：「太宰府西六十里，舊有戍軍已調出戰，宜乘虛擣之。」（《元史．世祖本紀》）

歷來研究者大抵認定，這是東路軍逗留巨濟島期間，對博多灣沿岸進行的偵察。這是海底鋪著電纜，空中飛舞著無線電波和衛星信號的即時資訊時代最易出現的錯覺。筆者就不太相信。姑且不問，區區一個「島人」，為了活命而招認的情報，究竟能不能反映太宰府周邊重地的衛戍變動。就算東路軍司令部判定這是關鍵情報，他們豈不知道，從大都到對馬島，一來一回，即便不計算風訊、極端天候等因素，也必定耗費半月以上？戰場情形瞬息萬變，等到中央的回饋回來，黃花菜早就涼了。

所以，最好把這個情報看作忻都、洪茶丘等人為撇下江南軍、自己搶先出戰而炮製的藉口。

事實也是如此，根據《元史．世祖本紀》的日期，「乘虛搗之」的請求，待到樞密院轉奏忽必烈，已是一個月以後的「六月壬午」（十八日）。這個時候，整場戰爭打了快一多半了。接到這麼個「專使」鄭重其事送來的報告，忽必烈大概是又好氣又好笑：這種雞毛蒜皮的情報也好意思拿來請示？你們想搶頭功，要個合法藉口，可以！總不能以為朕連「軍不可從中御」的常識都沒有吧？於是，忽必烈不耐煩地對樞密院官說：「這前線的事，你們自己看著辦吧！」（「軍事，卿等當自權衡之！」）

其實，忻都、洪茶丘並沒有按照「島人」的提示，進攻太宰府以西地區，而是把登陸點選在了志賀島。這個小島位於今天博多灣北部的入口處，與九州大陸東邊伸出的奈多半島之間，有一道狹長的沙洲相連，最窄處不到五百公尺。

一九一三年（大正二年），竹內榮喜在「志賀島史跡現場講演會」上做過一次報告，專門介紹志賀島的地形，題為《弘安之役中志賀島的地位》。據說，在竹內生活的那個年代，就算在退潮時，連接志賀島和大陸的沙洲也多半沒入海水以下，勉強可以涉水走過，自古俗稱「海中道」。不過，竹內找到了一份根據實地勘測繪製的古地圖，即伊能忠敬地圖。地圖顯示，海中道

5 旗田巍，《元寇——蒙古帝國の內部事情》，頁137。

在一百年前，比二十世紀初要寬闊一些。竹內借著參加軍事演習的機會，在當地也做了一些實地調查。他發現海中道的北岸以及「雁之巢」以西的南岸，受到海水沖刷，日漸侵蝕。所以，東路軍當年看到的志賀島海中道，又要更寬闊一些，足夠讓軍馬來回奔馳。從志賀島穿過海中道，上陸之後，便可通往箱崎、博多，距離和從今津出發差不多，戰略價值自然要高於壹岐和能古二島。[6]

東路軍在志賀島登陸，也避開了西邊橫亙博多灣沿岸的「石築地」防線。一時間，從博多岸邊朝北望去，志賀島和能古島之間的海面上，帆檣林立，密密麻麻泊滿了元軍的戰船，煞是壯觀。

四、狹路相逢海中道

在「石築地」防線後方集結的日本大軍，以北條時宗欽點的安達泰盛之子、肥後國守護安達盛宗為總司令，麾下的大將包括少貳資能、少貳景資、大友貞親、菊池武房，還有赤星、叶室、田尻、龍造寺、原田、大村、島津、松浦黨等各家的武裝，所謂「九國、山陽、南海諸將，皆來會」。（《元寇紀略》）日本軍獲悉東路軍轉向志賀島，急忙分兵，一路自陸地馳援，一路乘船出發，襲擾敵軍的海上大營。

六月六日當夜，雙方就開始了零星的海戰。備前國的御家人草野次郎經永，帶領郎黨分乘兩艘小船，在夜色的掩護下，襲擊了一艘東路軍戰船，斬首二十一級，燒船而退。東路軍不熟悉附近的水路，加上黑夜之中，難辨敵我，大概吃了不少這樣的暗虧。第二天，為了防備夜襲，東路軍「舳艫十里，以鎖聯之，為圜營外向」（《元寇紀略》），並在甲板上布置了石弩。只等不明船隻靠近，反擊就鋪天蓋地傾瀉而至。

七日，伊予國（今愛媛縣）的御家人河野六郎通有，跟著出海襲擊元軍船隻。據說，第一次征東戰爭結束後，河野曾跪在三島大明神前發誓：「我待賊十年，賊不來，則絕海伐之！」他一等就是七年。如今「賊」總算來了，他興奮地領著兒子八郎通忠、伯父通時，駕著小船，大白天就直奔敵軍船營。一夥人眼看就要攀上最外側的一艘敵船，對面突然撲來一陣兇猛的箭雨。河野通有的左肩一下子就被射穿，幾名郎黨當場陣亡。通時受了重傷，返回本陣後也死了。《八幡愚童記》誇張地說，河野通有一看左臂已無力舉弓，右手拔出太刀，撞倒小船的桅杆，當作梯子，身輕如燕，幾步就躍入敵船，砍殺數人之後，還生擒了敵人一名「頭戴玉冠之大將」。

6　竹內榮喜，《元寇の研究》，頁77-78。

不過，東路軍既然有了防備，損失自然不會很大。實情恐怕更像《八幡愚童記》後面說的：「我船輕且小，莫不為之破碎，死者多，十喪八九。」參加戰鬥的一名東路軍軍官、百戶張成的《墓碑銘》也證實：「夜半，賊兵□□來襲，君與所部據艦，戰至曉，賊舟乃退。」竹崎季長當時在肥後國武士的防區「生之松原」待命，也弄了一艘船出海。不過，據山口修考證，竹崎一軍乘船出海後，由於不諳水戰，還沒和敵船交戰，就退了回來。[7]

所以，儘管在東路軍陣形的外圍，時不時可以聽到零星的喊殺聲或者爆炸聲，綿延數里的巨大船營，兀自巋然不動。眼見戰果愈來愈小，日本軍只好下令暫停夜襲。

更加兇險的，是陸上的戰鬥。

日本軍幾番夜襲下來，東路軍的登陸作業，也多少受了些影響。忻都只好先派出小股精銳部隊，攜帶輕便武器，搶占島上和海中道幾處關鍵的阻擊陣地。百戶張成和他手下的八十多人就是先遣部隊之一。他們的經歷表明，最初兩天的掩護戰打得十分艱苦。六月八日清晨，張成小隊攜帶「纏弓弩」，登岸迎戰自海中道來襲的日本軍，「奪占其□要，賊弗能前」。雙方相持到日暮。天黑前，日本軍最後一次嘗試突破，張成小隊「又返敗之」。（《張百戶墓碑銘》）

九日，「倭大會兵來戰」。[8]所幸的是，東路軍的大部隊也陸續上岸。前線司令官洪茶丘，指揮金方慶、金周鼎、朴球、樸之亮等人的高麗軍，以及荊萬戶等人的蒙漢軍，迎戰安達盛宗麾下的日本軍。交戰伊始，東路軍氣勢如虹，「斬三百餘級」。張成也趁機率部下「入陣奮戰」，殺傷過當。

關鍵時刻，大友貞親率領的日本軍投入了戰鬥：「日本兵突進，官軍潰，茶丘棄馬走」。幸虧一個姓王的萬戶，帶著援兵從側後方趕上來，「橫擊之」，一下子殺死五十多名日本兵，才勉強擊退了追兵，救了洪茶丘（《高麗史》卷104《金方慶傳》）。《八幡愚童記》說，在當日的戰鬥中，大友貞親帶著三十多名騎兵衝入敵陣，斬首一級而還。其他「西國」、「關東」的御家人，新左近十郎、今井彥次郎、財部九郎、右田彌四郎，等等，也紛紛建功。東路軍這一戰，死傷千餘人。

十日，再戰，東路軍又輸了一陣——《高麗史節要》、《金方慶傳》上冷酷無情地簡單寫著：「翼日復戰，敗績。」

7　山口修，《蒙古襲來》，頁193-195。

8　見《張百戶墓碑銘》。高麗一方的記載，包括《高麗史節要》和《高麗史》，多將此事繫於六月「壬申」即八日。

五、突襲長門，退守壹岐

正當安達軍和大友軍在志賀島與東路軍主力鏖戰的時候，他們並不知道，就在前幾日，破曉時分，一支小型艦隊悄悄離開東路軍大營，往東北方向駛去。這支艦隊的最終目的地，就是北九州與本州之間的交通咽喉，杜世忠等人當年上陸的長門國。

這支幽靈般的「長門突擊隊」，記載不詳。幕府早就對長門有所警惕，調動了周防、安芸、備後三國的武士執行「長門警固」，又派了北條時宗的弟弟宗賴出任守護。[9]「長門突擊隊」顯然沒討到什麼便宜，就悄然撤退了。然而，長門遭襲，給日本內地帶來了巨大的心理震撼。

六月十四日，太宰府快馬給京都送來了「異賊船三百艘，著長門浦」的噩耗，朝野當即陷入一片恐慌。身在京都的大臣勘解由小路兼仲，在當天的日記中寫下了自己聽到急報的心情：「怖畏之外無他。」（《勘仲記》）

在緊急召開的廷議上，眾公卿愁眉苦臉，惶惶相對，一籌莫展。末了，有人出主意：「招兵於關東，護衛京師。使二上皇[10]避賊於關東」。當時，北條時宗派宇都宮貞綱率領六萬「中國之兵」（本州的軍隊），正在馳援博多的半途中，連忙停下待命。迷信的龜山上皇，跑去石清水八幡宮祈禱了一整夜，又委託權大納言藤原經任，帶著御筆「宣命」，趕往伊勢大神宮，祈禱「以

死代國難」。（《元寇紀略》）

在京都的街頭巷尾，從三郎的菜店，到五嬸的飯鋪、八爺的澡堂，南方傳來的各種小道消息也無孔不入，愈傳愈走樣。經過一番集體創作、添油加醋，最終成了這麼一個令人恐慌的版本：異國賊已經打下了南邊的九州，在東邊、北邊紛紛上岸，過不了幾天，就要入犯京都！

這下子，滿城百姓哪裡還有心思過日子、做生意，大夥三五成群，從早到晚，在街頭遊蕩，自知無處可逃，只能仰天長歎：

> 九國既被落，早著長門國，只今都責上，又自東海、北海寄來。街談衢話啾，萬人一同，暮時可逃逝何處，私語合。（《日蓮聖人注畫贊》）

北上長門，不過是這場戰爭中一則熱鬧的插曲。不論「長門突擊隊」取得了什麼戰果，對於此刻的東路軍而言，都沒什麼實際意義。自六月六日直到十三日，整整一週時間，九州的日本軍

9　山口修，《蒙古襲來》，頁189。

10　指後深草上皇和龜山上皇。

始終成功扼守著從志賀島到石築地的防線，不退一步。王惲的《泛海小錄》說，海中道前方的日本大軍：

> 大勢結陣不動，旋出千人，逆戰數十合，凡兩月（日？）。我師既捷，轉戰而前，呼聲勇氣，海山震盪。所殺獲十餘萬人，擒太宰藤原少卿弟宗資。

講東路軍大獲全勝，殺敵十餘萬，純屬虛構；擒獲的少貳「宗資」，池內宏考證，也不見於少貳宗譜和其他記載。[11]不過，記載前半段似乎顯示，日本大軍有意避免和東路軍進入開闊地決戰，只是扼守在要害地勢，結陣不動，每天只派出規模不大不小的一千來人閒逛一圈，不斷消耗對手的實力。

果然，幾日下來，海邊烈日炙烤，濕氣蒸騰，加上新鮮淡水奇缺，戰歿者屍骸來不及掩埋處理，東路軍大營中暴發了疫情。《金方慶傳》直言：「軍中大疫。死於兵疫者凡三千餘人。」無奈之下，東路軍只好暫時又原路撤退到壹岐島，休整待援。這就是《張百戶墓碑銘》說的：「軍還至壹岐島。」

眼看所部的戰鬥兵員損耗過半，忻都、洪茶丘心生退意。二人事先商量好，把金方慶叫到跟前，振振有詞地說：奉聖上明令，六月十五日之前，江南軍和東路軍定要在壹岐島會師。如今期限到了，還不見江南軍的影子。我軍先到，已經拼了好幾場硬仗，「船腐、糧盡，其將奈何？」金方慶厭惡地瞪著二人，一聲不吭。（《高麗史》卷104《金方慶傳》）

就這樣，在各路日本軍的追擊襲擾之中，在金方慶的竟日沉默之中，壹岐島的東路軍苦苦守候著江南軍的消息。他們不知道，此時，暫駐慶元港的東征軍總司令部，已經發生了巨大的變故，而原先設想的會師計畫，也不可能實現了。

11　池內宏，《元寇の新研究》，頁255-256。

第十章

「一風掃蕩蠻煙」[1]

一個多月以來，在日本京都任職的勘解由小路兼仲，持續關注著鎮西奉行和太宰府從西部前線送來的敵情報告。一二八一年（元至元十八年，高麗忠烈王七年，日本弘安四年）夏六月二十四日，他在日記中寫道：

戊子，自宰府飛脚到來：宋朝船三百餘艘，著對馬島，云云。（《勘仲記》）

看來，困在壹岐島的東路軍苦苦等待的江南軍，終於出現了。

一、史上最大規模艦隊與最糟糕指揮官？

江南軍是六月十八日前後，也就是預定會師日期的三天後，東路軍撤回壹岐島的五天後，才遲遲從江南的慶元港、舟山群島等地陸續開拔的。

慶元（今寧波）古稱明州，本是宋、日之間最大的國際貿易港之一。南宋在此地設立了市舶司，專管海外貿易和稅收。往年農曆六月，停泊在港內的無數商舶，只候南方吹來季風，便滿載著香料、陶瓷、絲綢、書籍這些「唐物」，橫越東海，經過七個晝夜，進入日本博多灣；當年八九月到次年開春，商船都可以自日本駕著北風返程，給江南的商人和仕女帶來黃金、木材、硫黃、倭刀和扇子等廣受追捧的商品。如今，海港內外，早已不見昔日繁華昇平的氣象，取而代之的是一派緊張而肅殺的氛圍。

我們前面講過，在此地集結的十餘萬江南軍，除李庭的蒙漢軍外，主要是招降南宋的新附軍、通事軍。《勘仲記》稱之為「宋朝船」，《高麗史》稱之為「蠻軍」，都有道理。不過，運送江南軍的戰船，可遠遠不止最先抵達對馬島的三百多艘，而是多達三千五百艘，迅速刷新了第一次東征軍剛創下的紀錄。

太田弘毅認為，這些戰船多是由南宋舊戰船改造的，而且不可能全是運兵船或戰船，必然有一部分是運糧船。按照《高麗史》和《東國通鑑》中「一萬軍，一月糧，凡三千碩（石）」的標準，江南軍至少要運載四、五十萬石糧食，加上預定支援在志賀島「船腐、糧盡」的東路軍的分額。[2]儘管我們可以給三千五百艘加上種種限制，這個數字仍然十分驚人，接近六百多年後諾曼地登陸時盟軍艦船總數的一半。王惲的《泛海小錄》既讚歎又惋惜地說，江南軍這次出征，「隋

1　出自無學祖元，《佛光國師語錄》卷4（北條時宗火葬法事上所宣之法語）。

2　太田弘毅，《弘安の役東路軍・江南軍會合と糧食問題》，《蒙古襲來：その軍事史的研究》，頁85-107。

唐以來，出師之盛，未之見也」。一些日本研究者乾脆稱之為「人類史上最大艦隊」。

這支超一流規模的艦隊，能不能至少搭配個一流水準的司令官呢？然而，歷史常喜歡開些玩笑。江南軍司令官范文虎，南宋降將，出身不明，我們只知道他是南宋大將呂文德的女婿、賈似道的親信。一邊是「世握兵柄，兄弟子侄布滿台閣」的呂氏將門（《胡祗遹集》卷12《寄張平章書》），一邊是隻手遮天的權相，范衙內來頭這麼大，自然一路高升至禁軍長官。不過，若論真才實學，實在不值一哂。民國年間善講歷史演義的蔡東藩，說到范衙內臨陣逃跑的醜態，覺得頗不解氣，又點評了兩句：「虎是文的，無怪外強中乾！」（《元史演義》第23回）其實，范衙內何止「外強中乾」，他在宋元易代之際的表現，只能用「慘不忍睹」來形容。

一二六九年（南宋咸淳五年，元至元六年），范文虎受命解救襄陽，揚言「吾將兵數萬入襄陽，一戰可平」，等到了城外，卻「日擁美妾，走馬擊球軍中為樂」（《宋史．李庭芝傳》）。本來，我國古代對軍事人物的「私德」，已經刻意放低了標準：吳起「貪而好色」；陳平「盜嫂受金」；霍去病不恤士卒，營中大饑，他還「餘棄粱肉」、「穿域蹋鞠」，史家都沒有太多貶詞。但有一個先決條件：好好打贏仗就行！范文虎，集這些「名將怪癖」於一身，唯獨沒有名將的才能，好容易出兵一兩次，無不大敗虧輸，中途遁走。所以，投降元朝以後，忽必烈也不大看得起他。某日，忽必烈問南宋降將：「你們幾個為何輕易就降了？」范文虎等人回答：「奸臣賈似道禮遇文士，輕蔑武將，我們早就看不慣了，天兵一來，就望風投拜。」忽必烈讓人傳話說：「如果只是這種理由，賈似道看不起你們，一點沒錯！」（《元史．世祖本紀》）

這麼一個聲名狼藉、不學無術的白面小生，忽必烈為何還要將十萬江南軍的性命交與他手上呢？首先是蒙古人本來就把這些軍隊看成炮灰；其次，范文虎是新附軍的舊帥，餘威尚在；最重要的是，此人比起其他南宋降將，更加胸無大志、貪權好色、懦弱易制。司馬光形容無德又無才的人要造反，就像「乳狗搏人」，連小手指頭都咬不破，「人得而制之」。范文虎，據說忽必烈曾誇過他有宰相才，其實也只是當他是自己豢養的小奶狗而已，就算打下日本，借他一萬個膽子，也不敢冒險同各地蠢蠢欲動的南宋「餘孽」沆瀣一氣，搞海外流亡政府、「反元復宋」之類的把戲。

就這樣，半推半就，范衙內站到了東亞歷史轉折的風口浪尖之上。

要說范文虎的「光芒」真是太刺眼了，以至於研究者大都忽略了，預定要同江南軍一起出海的，還有真正重量級的大帥——征東行省首長、右丞相阿剌罕（Araqan）。阿剌罕出自蒙古的札剌亦兒部，該部很早就歸順了成吉思汗，算是蒙古最高統治家族的「老奴婢」。阿剌罕家族在蒙古征服戰爭中，屬於「無征不從，無戰不捷」的核心軍功貴族（許有壬《曹南王神道碑》）。[3]他

3 謝詠梅，《蒙元時期箚剌亦兒部研究》，遼寧民族出版社，2012年，頁249-250。

本人從中統初年起就領兵轉戰南北，在平宋戰爭中獨當一面，戰功顯赫。伯顏分兵三路下臨安，就有他的一路。明朝修《元史》為阿剌罕立傳，集慶（今南京）還建過他的祠堂。

然而，或許是連年征戰，健康受損，或許是水土不服，又或許是老天爺有意成全他不敗的威名，阿剌罕剛到慶元港，就得了一場暴病，臥床不起，七月沒過幾天，就死在了大營中。六月二十六日（庚寅），忽必烈得知東征軍主帥當時病勢兇猛，連忙下詔，讓另一平宋戰爭的蒙古老將阿塔海（Ataqai）接替阿剌罕（《元史．世祖本紀》）。然而，等阿塔海接到大都發來的調令，從原駐地杭州趕到海邊，剛好來得及目睹一兩艘破爛不堪的船隻，載著幾個殘兵敗卒，驚魂未定地逃回了慶元港。

於是，征東戰爭中好不容易出現一個第一流的軍事統帥，還沒輪到正式登場，就意外退場了。這又是歷史開的一個玩笑。

二、狀況迭出的平戶會師

非但預定隨江南軍出發的東征軍總司令無法成行，連同東路軍匯合的地點也是一變再變，先是從高麗的金州改為日本的壹岐島，如今，慶元港的參謀部根據新獲得的情報，又換成了日本肥前國沿岸的平戶島，史籍也訛稱「平湖」或「平壺」。

五月初，東路軍出發後沒幾天，「日本行省參議」裴國佐和同僚就提出了新的會師方案：

今年三月，有日本船為風水漂至者，令其水工畫地圖，因見近太宰府西有平戶島者，周圍皆水，可屯軍船。此島非其所防，若徑往據此島，使人乘船往壹岐，呼忻都、茶丘來會，進討為利。（《元史．日本傳》）

換句話說，江南軍到達日本的第一站，將是位置更偏西、防守鬆懈、利於大船停泊的平戶島。該島同時將收容壹岐島退回的東路軍，充當全軍的前進基地。筆者倒很願意相信，樞密院的參謀軍官們，應是連夜加班，十分仔細地比對了地形、路線和兵力配置資料，才鄭重提出了這個建議。領銜的裴參謀，山東人，當時才三十五歲，儀表非凡，「白皙，鬒鬚眉，目點漆」，（《劉敏中集》卷4《裴公神道碑銘》），而且才華橫溢，時稱「俊才」。他的《墓誌銘》也稱讚他很早就得到忽必烈賞識，政績卓異，「聲焰赫然」，年紀輕輕就位登正四品，前途無量。不料，這一去，卻和艦隊一同葬身絕域，令人歎惋。

江南軍沒能趕上原定的會師期限，除了人事變動和作戰計畫更新的緣故，還因為在海上走錯了路。

前面講過，江南軍艦隊的大小船隻，儘管比一九四四年登陸諾曼第的盟軍少很多，但是，從慶元渡海至日本，航行距離大約是英吉利海峽的四五倍。如此大型的風帆艦隊，要組織協調和保持航線，顯然是一項極為艱巨的任務。果然，出發還不到三天，江南軍的前鋒部隊就遭遇了「颶風」，迷失了針路。雲霽天開，環顧四周，他們才驚慌地發現，自己向北大大偏離了既定航線，居然到了高麗南部的耽羅島。

當時，征東行省有個主管文書的小官，叫宋旡，是個二十歲出頭的小夥子，蘇州人。宋旡的詩寫得不錯，這番出海，大概是生平頭一遭，新奇莫名，後來他寫「碧漢迢遙，一似乘桴槎於天上。銀濤洶湧，幾番戰慄於船中」(《〈鯨背吟〉序》)，大概就是描繪此行印象。其實，隨大軍出海的，原是他家老爹宋國珍。臨行前，宋老爹的一場急病，改變了兒子本來極為平凡的人生。宋旡自告奮勇，接替了老爹的職務。據宋旡回憶，自己跟著征東行省官員，從慶元入海，轉向東北。行省左右司的參謀分乘不同的戰船，通訊不暢，「號令不相聞」，而動身稍晚的船隊「追程冒進」，稀裡糊塗跟著迷路的前鋒，也到了耽羅。(《啽囈集．自銘》)

就在范文虎等人在耽羅島外氣急敗壞，大吼大叫，勒令嚮導火速調整航線時，陷在壹岐島的東路軍指揮官們，也是頂著巨大壓力，馬上就要失去最後一絲耐性了。六月下旬，也就是在壹岐島苦熬了十來天後，忻都、洪茶丘第二次找到金方慶商量，是否要先撤退？不料，金方慶依然不肯鬆口：

奉聖旨，齎三月糧。今一月糧尚在，俟南軍來合攻，必滅之！（《高麗史》卷104《金方慶傳》）

六月二十四日，正如《勘仲記》見證的，江南軍的前鋒船隊，終於出現在了壹岐島外，望眼欲穿的東路軍哨兵，一見到熟悉的旗號，不禁喜極而泣。片刻之後，東路軍大營中就爆發出震天動地的歡噪聲，就連無力下床的傷病號，也彼此攙扶著，蹣跚到艙外，長久凝視著這支鎧甲鮮亮、精神抖擻的生力軍。

六月二十九日、七月二日，東路軍重整旗鼓，派出金方慶率領的高麗軍，在江南軍前鋒五十艘戰船的支援下，率先與來襲的日本軍，在壹岐島的瀨戶浦展開了激烈的攻防。根據《歷代鎮西要略》，大舉來襲的日本軍，由松浦黨、彼杵、千葉、高木、龍造寺、島津等各方勢力組成，共數萬人。現存的《比志島文書》中，還保存了薩摩國豪族島津氏的家臣比志島時範同他的親戚河田盛資，跟隨島津長久出戰壹岐島的戰功申報文件：

薩摩國御家人比志島五郎二郎源時範

謹言　欲早依合戰忠勤，預御注進子細事：

副進　自大炊亮殿[4]所賜證狀案文

件條　去年六月廿九日，蒙古人之賊船數千餘艘，襲來壹岐島時，時範相具親類河田右衛門尉盛資，渡向彼島，令防御事。大炊亮殿御證狀分明也。次月七月七日，鷹島合戰之時，自陸地馳向事，以同前。爰時范依合戰之忠勤，為預御裁許，粗言上如件。

弘安五年二月□日[5]

《歷代鎮西要略》形容當日戰況之慘烈：「賊登船樓，發火砲，我兵披靡，多死創。」《張百戶墓碑銘》也說：

六月晦，七月二日，賊舟兩至，皆戰敗之，獲器仗無計。

這兩日的戰鬥，是元朝東征軍占了上風。日本軍一方，曾與趙良弼打過交道的太宰官、豐前守少貳資能（當時已屆八十四歲高齡，出家後名「覺惠」），其子少貳經資，都受了重傷。資能老爺子沒過幾天就嚥氣了。他的幼子少貳資時，就是第一次征東戰爭時面對忽敦軍射出「矢合」的第一箭的翩翩少年，也在激戰中陣亡。

東邊持續激戰的同時，江南軍的後續部隊，終於同壹岐島退回的東路軍會師平戶——此後，我們就只稱東征軍。七月初，成功會師的東征軍，從平戶島出發，移舟至「竹島」。

池內宏認為「竹」（take）和「鷹」（taka）的發音相近，竹島就是平戶島東面的肥前國鷹島（今長崎縣管轄）。但是，櫻井清香和山口修都主張，鷹島太小，不適合大艦隊停泊。「竹島」應該是平戶西南方向二十多公里的「值嘉島」，今天日本的五島列島。這片群島，古來就是大陸與日本交通的要地，昔日遣唐使也在這裡停留。直到七月二十七日前後，東征大軍才開始東出到鷹島，準備總攻九州，即《元史．日本傳》說的：「七月至平戶島，移（鷹島）五龍山。」

4　即島津長久。
5　池內宏，《元寇の新研究》，頁282。

三、至暗時刻

七月二十七日，東征軍移師鷹島，是出於什麼考慮？

竹內榮喜少將模擬了一個東征軍當年的作戰方案：如果以太宰府為作戰目標，應是先在鷹島集結兵力，再撲向太宰府西面的糸島半島（今日本福岡縣糸島市），掠過半島西岸的引津灣、船越灣，在南邊一個叫深江的地方登陸。深江岸邊的海水較深，適合大船停靠，引津和船越兩灣又能遮擋北九州沿海吹來的西北風，是個相當理想的登陸點。另外，引津和深江東面的可也山及加布里高地，還能掩護登陸部隊東出博多。

有意思的是，一八八八年（清光緒十四年，日本明治二十一年），日本陸軍聘請德國的參謀少校梅克爾（Jacob Meckel, 1842-1906），帶著一幫日本陸軍的參謀精英（包括後來大名鼎鼎的兒玉源太郎），在北九州實施了一次參謀演習。演習設想，如果有敵軍以一個半師團的兵力進攻九州，會選在何處登陸？據說，總教練梅克爾判斷：在深江附近登陸比較合適。[6]

當然，如果東征軍成功登陸，又成功擊潰九州的日本軍，那麼，還須迎戰宇都宮貞綱率領的六萬本州援軍，勝負實在難以逆料。但是，不難想像，在鷹島附近集結的東征軍，普遍信心滿滿地期待著一戰而勝。若干年後，王惲聽了征日老兵的講述，在《泛海小錄》裡寫道：

自志賀東岸前去太宰府三百里。捷則一舍而近，自此皆陸地，無事舟楫。若大兵長驅，足成破竹之舉！惜哉！

就算我們同意，在那個七月末，忻都、洪茶丘、范文虎、李庭等將領和他們的幕僚，真的擬訂了自鷹島出發，取道深江，挺進太宰府的理想作戰方案，這個方案也永無實現之日。八月（日本曆為閏七月）一日午夜，一場突如其來的超級颱風，改變了一切。

事後有人回憶，這場風暴未必真的就沒有一丁點的預兆。

第一個心有所觸的，大概是提出會師平戶島的那個年輕參謀。那是風暴降臨的前一天，七月晦（三十日）的上半夜，裴國佐恍惚夢見：天朦朦朧朧亮了，從東方的金色曙光中，影影綽綽，飛來不知多少只白鶴，待到近旁，眾鶴發出聲聲悠長而婉轉的清鳴，抓起自己乘坐的戰船，展翅向東南方「浮空而去」。

裴國佐一下子驚醒了。他披衣起床，踱到甲板上。天穹中的星月，都被厚厚的雲層遮蓋著，四周漆黑一片，出奇安靜。海風從西北吹來，寒意直透衣裳。裴國佐聽到，總是倚在船尾的那位

6　竹內榮喜，《元寇の研究》，頁148-150。

江南老艄公，平日和自己喝茶閒聊，相得甚歡，此際好像在半夢半醒之間，用自己聽不懂的方言說著夢話。陌生的吳語，他卻聽著親切，想起西晉的張翰，因見秋風起，思念吳中的菰菜羹、鱸魚膾，感歎說：「人生貴得適意爾，何能羈宦數千里以要名爵！」便辭官歸鄉。想到此處，他的腦海中忽然現出故鄉老宅大樹下那兩個嬉戲打鬧的小身影，心頭一陣悸動：珪兒如今能習字了吧，璋兒也能滿院子跑了，不知會不會想我呢？自己半生倥傯，遠渡重洋，為的什麼？[7]

裴參謀搖搖頭，踱到老艄公身邊，輕輕把老頭推醒，和他聊了聊自己夢中見到的奇異情景。樸直的老艄公咧開嘴笑笑：「恭喜裴大人，這是預兆您要高升啊！」（「鶴引舟飛空，公當有升進之喜！」）裴國佐閉上眼睛，沉默片刻。然後，他拍拍老頭厚實的肩膀，轉過頭去凝視著東方，彷彿能透過遠處無盡的暗夜，看到此行的最終目的地——太宰府。黑暗中，看不清裴國佐臉上的表情，只聽他笑了一聲，又用輕得彷彿連自己都害怕聽到的聲音說：「豈吾事不成之兆歟！」（《劉敏中集》卷4《裴公墓誌銘》）

噩兆又豈止個人的夢境？還有萬眾共睹的異象。《八幡愚童記》說，那天黃昏：

> 青龍自海中探出首來，虛空之中彌漫著硫黃的氣味，奇形怪狀之物隨波出沒，令人恐懼莫名。

當然，讀不懂這些神祕的夢兆或異象，顯然不是東征軍在太平洋颱風中差點全軍覆沒的真正原因。這筆賬，首先要算在東征軍自身的兩個重大失誤上：一是如竹內榮喜所說，太平洋西岸的菲律賓群島、臺灣、九州本是颱風多發地，而農曆七月至九月間，是自古以來海上航行最警惕的颱風多發季節。其中，七八月之交，更是最最危險的時刻。[8]這種時候出海作戰，竟然幾乎毫無警惕和防備，委實是不該。二是前面講過，東征軍特別是江南軍的三千五百艘戰船，多數來自南宋水軍舊戰船、沿江船舶和運河漕船，吃水較淺，抗風能力很弱，遑論抵御颱風。後來人總結失敗經驗，就特別強調：「江南戰船，大則可矣，遇觸則毀，此前所以失利也。」（《高麗史》卷30）[9]

且說裴參謀和老艄公在甲板上聽了會兒濤聲，便回艙和衣睡下了。孰料，八月一日下半夜子時剛過，西北風吹得更急，不一會兒就惡化成了風暴。這就是被日本後世神化的護國「神風」（かみかぜ）。九州大學的氣象學權威真鍋大覺根據古杉木的年輪表現推算，當時「神風」瞬間

7　裴國佐的長子裴珪後來官至敦武校尉、滕縣尹，「俊朗有父風」；次子裴璋，在劉敏中為他們父親寫《裴國佐神道碑》的時候，尚未出仕。

8　竹內榮喜，《元寇の研究》，頁85。

9　太田弘毅，《江南軍艦船隊の編制：新造舊製混合の悲劇》，《蒙古襲來：その軍事史的研究》，頁76。

籠罩了一個半徑巨大的暴風區，中心氣壓九五〇百帕，近中心最大風速達到每秒五五．六公尺，掀起的浪高達十九公尺，完全藐視現代氣象學界定的超大型颱風。[10]

「神風」降臨之先，有巨大的雨點和冰雹劈哩啪啦落在甲板上，聲勢駭人。海水一時漆黑如墨，令人窒息的狂風，吹得船隻帆落桅折。李順是隨軍的一名令史，他後來告訴小輩，自己親眼見到岸邊那些幾個人都合抱不了的大樹（「大數圍者」），都被大風連根拔起，或者攔腰折斷。（周密《癸辛雜識》續集下《征日本》）繼而，怒濤沸浪接天而來。鄭思肖在《元韃攻日本敗北歌》中想像當時景象：「鬼吹黑潮播海翻，雹大於拳密於雨。」日本一方的《歷代鎮西要略》形容：

> 暴風大扇，洪波滔天。煙飛雲不斂，雷雨如暗夜。蒙古艨艟數千艘，為風濤洲石所碎，賊徒悉溺死。

東征軍兵員十萬、戰船數千，霎時間就在風暴中被撕扯得七零八落。各船在「黑潮」的高峰和深谷之間來回傾覆，要麼被滔天巨浪打翻入海，要麼相互碰撞，或被沖到岸邊的礁石岩山之上，不一會兒就四分五裂。

遇難船隻上，挺立風雨之中，聲嘶力竭呼喚觀音如來者有之，四處奔走搶險者有之，慌亂中解小舟自顧逃生者有之，躲入艙中床下瑟瑟發抖者有之，恐懼失神跳海者亦有之……在恐怖的自然力面前，渺小人類的任何努力，最終都只能落得同一個下場，就是「七千巨艦百萬兵，老龍怒取歸水府」（鄭思肖《元韃攻日本敗北歌》），化作千萬海底波府之臣，異域望鄉之鬼。

在浩瀚大洋上遭遇風暴，是身處東征軍船隊中的宋旡一輩子也撫不平的心理創傷。多年後，宋旡才提起筆，寫一首擬古樂府詩《公無渡河》。[11]當時，在詩人腦海中湧現的，彷彿依然是當日鷹島海面那番驚天動地的恐怖景象：

九龍爭珠戰淵底，洪濤萬丈湧山起。
鱷魚張口奮靈齒，含沙射人毒如矢。
寧登高山莫涉水，公無渡河，公不可止。
河伯娶婦蛟龍宅，公無白璧獻河伯，恐公身為泣珠客。

10　北岡正敏，《蒙古襲來の真実：蒙古軍はなぜ壊滅したのか》，頁283-284。

11　古樂府《公無渡河》是哀歎白髮狂叟不顧勸阻，泅渡急流至於溺死的悲劇。原歌詞為：「公無竟河，公竟渡河。墮河而死，其奈公何？」曲調哀切，聞者落淚。

公無渡河公不然，憂公老命沉黃泉。
公沉黃泉，公勿怨天！

四、「起風了，要努力活下去！」[12]

八月一日夜間的大風暴，自北向南，從前方的鷹島直至南邊的五島列島，席捲全部的東征軍船營。當日清晨，颱風肆虐過後，這片狹長海域的近岸處，呈現出一派名副其實的人間地獄慘像。《八幡愚童記》有些誇張地說，東征軍的戰船和舢板，被風暴摧破，或沉或浮，七零八落地飄散在海面，在海水中泡得腫脹的浮屍，順著海流，在這處或者那處暗礁周圍堆積起來，遠看好似巍峨的慘白色小島。（「賊船悉破，隨潮漂海面，似散籌，流屍聚積若為島。」）《高麗史．金方慶傳》也證實，海中的浮屍「隨潮汐入浦」，把水面堵得嚴嚴實實，甚至能夠踏著屍體在海上行走（「可踐而行」）。

其實，東征軍艦隊在各處設置的錨泊地，雖然同時遭遇風暴來襲，命運卻各有不同。

一號錨地——鷹島，骷髏山。此地又名五龍山，山口修等人推測是鷹島所屬的黑島（kuroshima，クロ島）。此處是東征軍主力艦隊停泊地，後來染上了一層神祕色彩。鄭思肖說，這個島嶼有個令人毛骨悚然的名字——「白骨山」。相傳，島上荒無人煙，死氣沉沉，「唯多巨蛇」。唐朝東征的將士都「殞命於此山」，遍地白骨嶙峋，夜裡磷火幽幽，巨蛇在骷髏間悄無聲息地穿梭遊動，所以得名。[13]

八月一日夜，颱風來襲，「雹大如拳，船為大浪掀翻沉壞，韃軍半沒於海」。（《元韃攻日本敗北歌》）

不少征東行省高級軍官的座艦，就在骷髏山附近罹難。高麗宗室王的長子阿剌帖木兒，時任東征左副都元帥。《元史》說他從征日本，「遇風濤，遂沒於軍」，應是葬身此地。女真名將李庭（征東行省參政）乘坐的指揮船，也在狂風巨浪中傾覆。他本人命大，嗆了幾大口鹹水之後，抱住身邊的一塊船板碎片，抵死不撒手，「漂流抵岸」。上岸後，麾下倖存的士兵也三三兩兩聚集到他身邊，大夥一起想辦法離開。（《元史．李庭傳》）

安徽人楚鼎，是江南軍的一名千戶，他的遭遇和李庭差不多，「挾破舟板，漂流三晝夜」，

12 「Le vent se lève, il faut tenter de vivre」出自法國詩人保羅．瓦勒里（Paul Valéry）的短詩《海濱墓園》（*Le Cimetière marin*）。

13 這個傳說大概衍生自七世紀唐朝在朝鮮半島的東征，或者唐朝、新羅聯軍與倭國、百濟聯軍於六六三年的白江口之戰。

才找到一片可以容身的礁石。楚千戶一步一步爬到礁石頂上，精疲力竭，又渴又餓。就在李庭和楚鼎等人深陷絕望之際，忽然看到遠處緩緩駛來一支旗幟不整的船隊。《元史》說，那就是逃往高麗合浦的「文虎船」——范文虎船隊。

原來，從日本逃回的士兵于閶控訴：八月一日大風破船後，東征軍雖損失慘重，但也有不少倖存的官兵，克服各種困難，漂到了近旁的小島上。沒想到，「（八月）五日，文虎等諸將各自擇堅好船乘之，棄士卒十餘萬於山下」。究其原因，是「行省官議事不相下，故皆棄軍歸」。看來，收攏殘卒之後，下一步該如何是好，忻都、洪茶丘、范文虎和金方慶等人之間產生了巨大分歧，誰也不服誰，一見面就吵得面紅耳赤，幾乎要揮拳相向；反正，總司令阿塔海還在慶元港，反覆叮囑、生怕他們「不和」的忽必烈，更是遠在上都，鞭長莫及。幾位爭執了兩三天，也沒有個結果。於是，八月五日，他們自顧自帶著剩下的直屬部隊，草草收拾了一下還能浮動的船隻，先向南邊的平戶島和竹島撤退。

二號錨地——鷹島，鐵靈山。該處的臨時指揮官，是一個總把軍官，叫作馬馬其（Mamachi）。七月二十七日，東征軍主力向鷹島移動時，遠遠觀察到島周圍的「潮汐盈涸不常」，大船很難抵近，只好先分出一部分戰船，「縛艦為寨」，在鐵靈山外駐泊。蘇天爵為馬馬其的夫人張氏寫的《墓誌銘》描述：

八月一日，夜半颶風大作，波濤如山，震撼激撞，舟壞且盡，軍士號呼溺死海中如麻。

從進攻南宋那會兒開始，馬馬其這樣的軍官就有特權，可以帶著老婆出征。張氏出生於河南一個讀書人家庭，丈夫卻是西域將門之後，漢話都說不大清楚，平日兩人交流很少。張氏倒是一直任勞任怨，細心照料丈夫的飲食起居（「憫其夫之勞苦，未嘗以驚懼為辭」）。風起之際，馬馬其重任在身，一直在艙外來回奔走，指揮搶險。張夫人「獨在舟中」，聽著外面狂風呼嘯，濤聲震耳，還有風聲間隙露出的呼救聲和哀號聲，她只好緊閉眼睛，顧不上艙內的杯盤什物被晃得狼藉不堪，雙手緊緊攥住包在錦囊中的官印，指節都發白了，生怕一不留神，丟了丈夫看得比命還貴重的東西。

最終，鐵靈山的「船寨」還是沒保住，指揮船也翻了。漆黑的大海上，夫婦緊緊相擁，抱著被風吹折的半根桅杆，順流漂到了岸上。二人最後從高麗輾轉回到了家鄉，張老太太活到了八十五歲，兒孫滿堂。（蘇天爵《滋溪文稿》卷21《元故贈長葛縣君張氏墓誌銘》）

三號錨地——西南，平戶島。前出鷹島之後，平戶島就成了東征軍的後勤基地，行省參政張禧出任留守長官。張禧十六歲從軍，跟著忽必烈打過鄂州，「身中十八矢，一矢鏃貫腹」，堅持不肯下戰場。他長期主管元朝的水軍，經驗豐富。因此，平戶島的東征軍，不僅在島上築壘，而且各艦還「相去五十步止泊，以避風濤觸擊」。果然，風暴過後，「禧所部獨完」。

第二天，范文虎等人從鷹島乘小船撤回平戶，好似驚弓之鳥，一刻也不想多停留。

整整十年前，宋元襄樊之戰時，張禧和范文虎二人還分屬敵對陣營，而且恰好都帶水軍。那會兒，范殿帥率領的南宋水軍，就好幾次被張禧打得丟盔棄甲，落荒而逃。一看手下敗將又要跑路，張禧自然不屑一顧：

士卒溺死者半，其脫死者，皆壯士也！曷若乘其無回顧心，因糧於敵以進戰！

范文虎氣急敗壞，一翻白眼：「老子可不想白白送死！回去聖上怪罪下來，老子一人做事一人當，和你沒關係！」

事實上，和范文虎抱著一樣心思的官兵還多的是。胳膊擰不過大腿，張禧只好從比較完好的戰船中分了一部分給范文虎等人，跟著他們回高麗。（《元史．張禧傳》）

五、落幕時分

於是，八月五日之後，東征軍的大部隊就陸續撤退了。這時，九州的日本軍「鎮西兵」在少貳景資的率領下，乘坐數百艘戰船，紛紛出海，名為「掃蕩殘敵」。

海面到處都漂浮著的浮腫屍體和殘肢斷臂，暑氣一蒸，惡臭彌漫數里，令人嘔吐不止。然而，九州武士爭奪戰利品的熱情依然高漲。轉眼間，凡是能出海的船，都成了搶手貨，一票難求。

竹崎季長聽到消息，連忙命令手下去找船。他自己興奮得徹夜未眠，當天清晨火速從陸路趕到了鷹島附近的御廚。眼看相識的御家人意氣風發地先後坐船出港，竹崎只能在岸邊急得跳腳。第二天，幕府派來督戰的「軍目付」合田五郎和安東二郎也到了海邊，三人一起絞盡腦汁，想辦法出海。合田五郎眼尖，一眼看到遠處駛來一艘大船，船頭樹著一面「連錢」大旗，大喊：「那是城次郎大人（安達盛宗）的旗幟，去那邊試試！」和大船一接洽，才知道船上是安達盛宗的部下，一個叫兵部房的人。竹崎費盡口舌，從對方那裡討來了一艘牽引小船，可是走起來不緊不慢，令人失望透頂。

此時，前方來了一艘別國守護的大船，船頭站著一個面相有些眼熟的人，名叫たかまさ（隆

政）。竹崎遠遠就喊道：「守護大人召鄙人前來，請讓鄙人上船一起出陣！」隆政定睛一看，這不是肥後國的冒失鬼竹崎嗎？當下便不耐煩地回答：「守護大人可沒叫過你，請回吧！」然而，經不住竹崎苦苦哀求，對方只好答應，他只能一個人上來。上得船來，竹崎發現，自己把頭盔忘在郎黨手中，無奈只好從腿上扯下一片「膞當」[14]，綁在頭上。隆政看不過去，讓手下給了他一頂頭盔，竹崎禮貌地拒絕了。據說，在接下來的接舷戰中，竹崎奮不顧身，割了兩顆首級，見好就收，連忙回去向合田五郎和安達盛宗邀功。[15]

就在竹崎季長洋洋得意地乘船東返時，「掃蕩殘敵」的真正主戰場，鷹島骷髏山的最後戰鬥，也已接近尾聲。

根據于闐的控訴，范文虎丟棄在鷹島的東征軍，有「十餘萬」，被日本軍殺得只剩下二三萬。鄭思肖聽到的版本是：島上的軍隊有二十萬之多，「無船渡歸，為倭人盡剿」。（《元韃攻日本敗北歌》）實際上，日本一方的記載，在數位上大概可靠一些：

賊之漂流抵鷹島者數千人，無船可濟。羸憊者居岸下，繕修壞船，得七八艘，將以還。

（《八幡愚童記》）

島上殘存的東征軍，大概有幾千人。這些倖存者基本渾身帶傷，有的已經只有出氣而無進氣，四肢完好的，也已斷糧、斷水多日，有沒有力氣站起來都成問題。于闐回憶，一片絕望之中，有個軍銜較高、平時人緣不錯的張百戶——並非前面所寫的百戶張成——鼓起勇氣站出來，號召大夥兒一邊搜集武器，在灘頭設置一些障礙工事，準備拚死一搏，一邊在島上「伐木作舟」，修補受損戰船，好趕緊離開這個鬼地方。在島上眾多的殘軍中，張百戶被尊稱為「張總管」。

對於這個「張總管」，除了《日本傳》這些記載，我們幾乎一無所知。魯迅說，中國歷史上「一向就少有失敗的英雄，少有韌性的反抗，少有敢單身鏖戰的武人」。（《華蓋集．這個與那個》）所以，我倒是很想把張總管刻畫成一個「失敗的英雄」、「孤膽的戰士」。然而，歷史畢竟不是好萊塢大片，要有主角光環，當個「失敗的英雄」，條件實在太苛刻。就拿這位張總管來說，島上來自五湖四海的眾人之中，他這個小小百戶，素無根基，生死時刻，不會有人願意拼死守護他，所以，類似最後誓死追隨項羽的那二十八名親衛，他指望不上；他大概也沒有號令千軍

14　日式甲冑中，專門保護小腿的護甲。

15　山口修，《蒙古襲來》，頁210-218。

萬馬的經驗和氣度，就算有，他麾下那些「千軍萬馬」，不過是些風聲鶴唳的殘兵敗卒。所以，真打起仗來，最先死的多半就是他。他一死，全島殘軍就再沒有了抵抗的勇氣，反倒有了投降的藉口，土崩瓦解，意料之中。

還有一個人，也和筆者最初的心理一樣，不能免俗。那就是馬可．波羅。

這個威尼斯人在《馬可波羅行紀》中講述，統帥東征軍的兩名「男爵」逃跑後，被拋棄在島上的三萬士兵「無法得脫，待死而已」。果然，「大島之王」傾國來攻。「大島軍」登岸以後，沒留一兵一卒看守船舶，都忙著深入圍殲殘敵。不料，狡猾的「韃靼人」假裝退走，實則繞道岸邊，反奪敵人的艦隊，航行到大島，打著「本島君主旗幟」，以雷霆之勢攻占了日本的都城。據說，他們攻入都城之後，占據一切險要位置，把老百姓都放出城，僅留美女。馬可．波羅接著說：

大島之王及其軍隊，見都城、艦隊盡失，大痛，然猶登餘舟，進至大島沿岸。立集全軍，近圍都城。圍之甚密，無人可以出入。城內之眾，守城七月，日夜謀以其事通知大汗，然交通既斷，無法上聞也。

這群羅曼蒂克的孤膽英雄，在日本全軍圍攻下，還堅守了七個月，才體面而有尊嚴地放下武器，並且發誓「永不離去此島」。（《馬可波羅行紀》第159章）

這個「驚天大逆轉」傳說，在第二次征東戰爭結束後不久，大概在民間流傳過一陣子，其中多少也流露出老百姓對東征不歸的同胞的一點善意想像和祝福。現實當然與此完全相反。

八月七日，少貳景資率領的日本九州軍殺氣騰騰，大舉來襲。在張總管指揮下，東征軍在鷹島岸邊的最後一戰，大概不會那麼轟轟烈烈，但一定十分殘酷。一方還有點困獸猶鬥的餘勇，另一方則把對方看成等待收割的獵物。蒙古大汗打圍，總喜歡把野獸都逼到一個狹小的獵圈中，看著它們簌簌發抖、哀號不已，從中取樂。（志費尼《世界征服者史》）如今，在以逸待勞的御家人眼中，元朝軍隊也成了獵圈中的獵物，未來軍功狀上的一連串數字和榮耀。

《八幡愚童記》說，鷹島灘頭的最後抵抗，結果是島上殘兵「殺溺更多，請降者千餘人」。投降的東征軍，凡是北方來的蒙古人、高麗人或漢人，統統在中河（那珂川）岸邊斬首；南宋的新附軍，被稱為「唐人」，似乎得到了「優待」，免死為奴。

六、逝者與還者

「神風」席捲「異國賊船」的天大喜訊，八月（日本曆閏七月）九日報至京都。京都的兩位大臣各自在日記中，記錄下了捷報帶來的狂喜心情。「官務」壬生顯衡的日記裡寫著：

> 異國賊船，去一日夜，逢大風，大略漂沒，破損船濟濟，被打寄之由，鎮西飛腳一昨日歟到來之間，上下大慶之由，謳歌者也，誠以不能左右也！《弘安四年日記抄．閏七月十一日》）

勘解由小路兼仲的日記裡寫著：

> 自宰府飛腳到來，去朔日大風動，彼賊船多漂沒云云，誅殺並生虜千人……天下之大慶，何事可過之乎！（《勘仲記．閏七月十四日》）

為了慶賀大捷，龜山上皇和他的母親大宮院、愛妃新陽明門院一同親詣石清水八幡宮，舉行盛大的還願和放生法事。同時，朝廷下令，在西大寺，由長老思圓領著數百和尚，為本次戰爭中殉國的日方將士誦經超度三日三夜。

在東邊的鐮倉，「異國賊」襲來期間，無學祖元時常應邀，同「不見有喜怒之色，不見有矜誇炫耀氣象」的北條時宗講論禪理。此時，祖元和尚憐憫葬身異國他鄉的江南兒郎，在新建立的圓覺寺中供奉了一千尊地藏王菩薩像，並遙遙祝頌雲：

> 此軍及他軍，戰死與溺水，萬眾無歸魂，唯願速救拔，皆將超苦海，法界了無差，怨親悉平等。（《佛光國師語錄》卷4《贊地藏菩薩普說》）

最後來算筆總帳：「神風」一卷，加上後續掃蕩，一共死了多少人？最誇張的說法來自《元史．日本傳》：除了逃歸的于閶、莫青與吳萬五，「十萬之眾，得還者三人耳」。其他記載，如《元史》的《世祖本紀》、《阿塔海傳》、《相威傳》，大都含含糊糊地說什麼「十存一二」、「喪師十之七八」、「十喪六七」。

仔細來看，東征軍各部的受災情況是很不平均的。《泛海小錄》說：「大小船艦多為波浪揃觸而碎，唯勾（高）麗船堅得全」。可見，原東路軍，特別是高麗軍的損失，應該不大。江南軍中，大風破船後「漂泛來集」的散兵，也不在少數。王頲發現，甚至還有奇蹟般建制完好無損的隊伍——也速解兒萬戶（祖籍西域康里）「領江淮戰船數百艘，東征日本，全軍還」。（《程鉅夫集》卷17《伯牙烏公神道碑》）當然，最幸運的當屬還在行軍途中，尚未出港，或者已經出海卻未進入暴風區的隊伍：蒙古將領囊加歹的「通事軍馬」，就是「未至而還」。另外一名蒙古將領，征東都元帥哈剌解，率部跋涉萬水千山，「勁風積雪，草行露宿」，好容易穿過高麗，剛抵近日本國境，「颶風作，乃還」。（《危太樸集》續集卷8《哈剌解家傳》）

一句話，損失顯然沒有想像中的恐怖。所以，研究者都把矛頭對準了「得還者三人」的謬說。李則芬估算損失在六〇％上下，山口修和旗田巍認為要多一些，應該超過十萬，約七〇％。然而，十幾萬東征軍的究竟損失，畢竟沒法得到一個可靠的數字。這些說法，只能聊備參考。

從一九七〇年代開始，在元日戰爭的古戰場附近，一些文物由於種種偶然因素重見天日，逐漸引起了世人的關注。一九七四年，一個日本農民在鷹島海灘上挖出一方銅印，上面鐫刻著元朝的「國書」八思巴字，意為「官軍總把印」。「折戟沉沙鐵未銷，自將磨洗認前朝」，這方銅印，會不會是張夫人在馬馬其的旗艦傾覆前，握在手中，寧死也不鬆開的那方官印呢？

從那以後，各類文物從鷹島的海底陸續出土，其中就包括那塊塗著「元年殿司修」字樣的木片。從遺跡的分布狀況看，颱風確實給船隻造成了巨大破壞，各種遺物（包括木板、大鍋、鐵鏃、鐵兜，還有骸骨）散落深海中，彼此間隔很遠，年復一年，被淤泥層層掩埋。另外，考古學家在遺跡中還找出了釘孔密集而雜亂的船板、手工粗劣的桅座、七拼八湊的艙壁、簡單接合的錨杆，等等。拿這些關鍵部件同泉州等地發現的宋元沉船相比，顯示出東征軍的艦船有不少是由業餘工匠匆匆忙忙趕修下水的，極易破損。大軍覆滅，既有「天災」，也有「人禍」。[16]

史無前例的東征大軍，西方人多稱之為忽必烈消失的「Armada」，這個詞原本指十六世紀晚期西班牙帝國烜赫一時的「無敵艦隊」。焦黑的碎木板，掛滿貝殼、海藻的瓷碗和陶罐，淤泥深處掩藏的錨杆和碇石，還有散落四處的骸骨碎片……這些就是那支巨大的艦隊今天留下的全部痕跡，大都仍然長眠在無邊無際的幽暗之中。近幾年來，琉球大學的池田榮史主持的鷹島神崎水下考古，經過多年探索，先後發現了兩艘保存較為完整的東征軍沉船。也許有朝一日，隨著水下考古技術的進步，這支消失的「Armada」能夠自海底重現，為我們訴說更多當年驚心動魄的故事。

---

16 James P. Delgado: *Khubilai Khan's Lost Fleet: in Search of a Legendary Armada*, University of California Press, 2008, pp.145-151.

終章

大元帝國的「奧古斯都門檻」

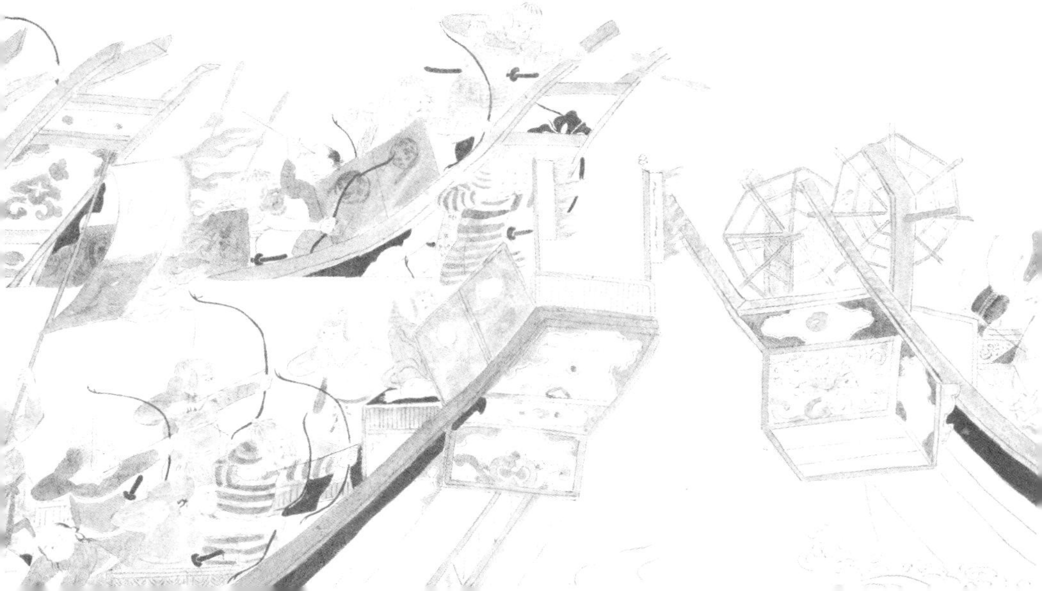

一、「大業」未竟

東征軍的殘部，大多撤回了合浦，然後經由高麗回到元朝境內。忻都、范文虎等人「未見敵，喪全師以還」的噩耗，走的大概是同一條道。《元史．相威傳》只用了兩個字描述一二八一年（至元十八年）八月二十九日，正在上都避暑的老皇帝聽到消息時的反應——「震怒」。

征東諸將未奉明令就擅自撤軍，涉嫌觸犯「臨陣先退」、「擅自領軍回還」這類嚴重的軍事刑法。（《至正條格．斷例．擅興》）在大都舉行的中書省、樞密院和御史台三府聯席聽證會上，范文虎等人把責任一股腦兒都推到了幾個直屬統兵官身上：

> 至日本，欲攻太宰府，暴風破舟，猶欲議戰。萬戶厲德彪、招討王國佐、水手總管陸文政等不聽節制，輒逃去。本省載餘軍至合浦，散遣還鄉里。（《元史．日本傳》）

不料，沒過幾天，「敗卒于閶」僥倖逃歸，哭訴「文虎等諸將各自擇堅好船乘之，棄士卒十餘萬於山下」。真是赤裸裸地打臉。

遇到這種案件，按程序怎麼處理？二十年後的另一起軍方大案可供參考。一三〇〇年（元大德四年）秋，朝廷下令雲南行省的兩個平章政事薛超兀兒、忙兀都魯迷失率軍進入緬國，武裝干涉當地政變。不料，過了春節沒兩月，軍隊就意志消沉地回來了。行省上奏朝廷的報告是這麼寫的：臣等圍攻叛軍首都，「賊兵困屈，旦夕出降」，不料高參政、萬戶章吉察兒等人揚言「天熱瘴發」，不能安營過夏。某日，行省官員正在開會，幾個軍官居然自己領兵拔營撤走。省官一看，追也來不及，只有跟著回來。這番解釋，簡直就是重覆二十年前范文虎等人的說辭，果然是師承有自。後來，朝廷專門從河南行省抽調了一隊人馬，查辦此案，這才發現：雲南行省自平章政事、左丞、參政，「下至一二大將校、幕官、令史皆受賊賂」，收了錢，故意縱敵，又怕暑熱瘴氣致死，找了個藉口就撤了。最後，帶頭撤退的兩名高官斬首，幾名行省官員「追奪宣敕，永不敘用」，下屬軍官免職、決杖。

東征軍失利在先，擅回在後，領導班子和各級軍官都難辭其咎。可是，忽必烈既沒打算徹查，給出的處分也比一三〇〇年的征緬大案輕太多。《元史．劉國傑傳》說，忽必烈一怒之下，打算「盡罷大小將校」。劉國傑勸他說：「罪在元帥耳！陛下倘若饒了他們，這些人必定感恩戴德，奮不顧身，一雪前恥。」結果，「帝從之，盡復其官」。吳澄寫的《劉忠憲公行狀》也提到，這些敗軍之將，最後只是「輸錢贖罪」，罰款了事，簡直難以置信！

仔細想來，這個處分並沒有那麼不可思議：再去打日本，既需要錢，也需要這幫人。所以，就連「罪在元帥」這句話，也沒真正落實過。一二八三年（至元二十年）和一二八五年（至元二十二年），忽必烈的「征日本行省」立而復廢，廢而復立，總是不甘心這麼算了。他要重組的行省班子，主要成員還是阿塔海、忠烈王、洪茶丘，只有預定帶兵出征的將領，換上了闍里帖木兒和劉國傑等人。

在孜孜不倦準備東征的同時，忽必烈派了王積翁、如智禪師二人繼續去「招諭日本」。他們的下場，前面已經講過。忠烈王也奉了老丈人的命令，寫信勸說「日本國王」，不妨「遣一介之使，奉一尺之書，朝於大元，則無損於今，有益於後，誠貴國社稷之福也！」（《高麗史》卷30）這些活動，自然不會有什麼結果，之前的研究者也談得很多，這裡不多講。[1]

其實，更有意思的是，翻翻第二次征東戰爭結束後那幾年的《世祖本紀》，不難看到，在純粹軍事層面，元朝確實對失敗的各種原因，進行了認真的反思和總結，正如御史大夫相威的建議：「前車已覆，後當改轍。」搜集一下這些零散記載，可歸納出以下幾方面：

兵員素質的改善。至元二十年正月，元朝下令選拔「蒙古軍習舟師者二千人、探馬赤萬人、習水戰者五百人征日本」；四月又選拔「軍官習舟楫者」。為此，忽必烈欽點了「元帥張林、招討張瑄、總管朱清」這幾個人出征——朱清、張瑄二人是宋元之際東海有名的海盜頭子。

武器的改進。至元二十年四月，征東行省入手一批嶄新的「西域砲」，連同造砲的工人，準備將來在日本大展拳腳。至元二十二年六月，軍工技術部門又鼓搗出一種「征日本迎風船」，看來對極端天氣有恃無恐。

軍紀以及後勤方面的改進。至元二十年四月，樞密院開會，「議征日本事宜」。會上敲定了未來戰爭的賞罰機制：「有功者，軍前給憑驗，候班師日改授」。至元二十二年冬，元朝規畫從江淮地區調集百萬石軍糧，通過海運，儲備在高麗合浦，預備征日本之用，等等。

總之是摩拳擦掌，蠢蠢欲動，搞得鐮倉幕府也惴惴不安，設法通過各種途徑刺探元朝的動靜。比如，一二八二年（元至元十九年，日本弘安五年），幕府遣返了一個叫賈祐的江南軍戰俘。這個賈祐一回國就主動自首，說自己是「日本國焦元帥婿，知江南造船，遣其來候動靜。軍馬壓境，願先降附。」（《元史．世祖本紀》）

然而，這些動聽的戰爭前奏，好像天際黑色的雷雨雲，一直轟隆隆響著，最終沒有落下來半滴雨。原因何在？

1　詳情見池內宏，《元寇の新研究》，頁377-435；烏雲高娃，《元朝與高麗關係研究》，頁124-133。

二、天機與民意

潭州（今湖南省長沙市）人張康，是忽必烈暮年十分信任的幾個術士之一。一二八三年（元至元二十年，日本弘安六年）正月的某個傍晚，他孤身一人站在紫檀殿外，聽候祕密召見。

星占家和相士，赫然躋身元朝皇帝的內廷要員，是古代歐亞皇室的傳統做派。後世以「名臣」、「賢相」聞名的中書令耶律楚材，起初也只是成吉思汗身邊的一名術士。每次出征，他都得「預卜吉凶」。成吉思汗自己也按蒙古占卜法，「燒羊髀骨」，驗證他占得好不好。這樣一群人，就像中國天子身邊的「畫待詔」、「棋待詔」，可稱為「卜待詔」或者「卦待詔」，忽必烈尤其喜歡。廟堂之上，是胡人和北人擅場。南人儘管飽受歧視，偶爾也可以憑藉一技之長，從幕後影響現實政治。

現在，擺在「張神仙」面前的，就是這麼一個寶貴的機會。《元史．方伎傳》說：

帝欲征日本，命康以太一推之。康奏曰：「南國甫定，民力未蘇，且今年太一無算，舉兵不利。」

太一術，也稱太乙術，是一種軍民兩用的星占術。太乙星，一說是北極星，象徵「天地之神」，可用來預測「風雨水旱，金革凶饉」等等。（《武經總要》後集卷18《占候》）張康先說民力未蘇，再說天意未許，卻是一種符合儒家哲學的諷諫方式——「天視自我民視，天聽自我民聽」，老天可憐江南的老百姓，「天矜於民，民之所欲，天必從之」。（《尚書．泰誓上》）其實，那前半句話，忽必烈是最用不著他說的。只是，作為讀聖賢書的傳統士人，而不是北方遊牧民族的薩滿巫師，張康堅守的那一點點情懷，就在這一句話中表露無遺。

這一套帶了點「天人感應」殘餘色彩的諷諫，也不知道忽必烈能聽懂幾分。但是，頻繁的對外侵略戰爭，給中原和江南地區帶來了讓人無法喘息的沉重負擔。各地民眾的不滿情緒，也積累到了一個臨界點。這個殘酷的現實，由不得忽必烈轉過臉去，裝作沒看見。

早在第二次征東戰爭慘澹收場的時候，党項人大將昂吉兒就給忽必烈上了一個直言不諱的條陳，說是最近幾年和外國打仗，不但屢屢受挫，士氣不振，而且「海內騷然」，各地一聽又要調發軍隊、徵收糧草，「上下愁怨」，這樣哪裡打得贏戰爭？請求「罷兵、息民」。忽必烈沒聽他的。不料，過了不到六年，江南形勢就惡化得一發不可收拾。御史大夫玉昔帖木兒憂心忡忡，向忽必烈訴苦：「江南盜賊凡四百餘處……」

御史中丞崔彧說得更明白：

江南盜賊相繼而起，皆緣拘水手、造海船，民不聊生。日本之役，宜姑止之。（《元史・世祖本紀》）

當然，準備未來更加波瀾壯闊的日本戰爭，只是原因之一。從一二八四年到一二九四年，短短十年間，忽必烈帝國就捲入了三次安南戰爭、一次占城戰爭、三次緬國戰爭、一次爪哇戰爭。雪上加霜的是，元朝的北方防線也差點崩潰。一二八三年，漠北蒙哥、阿里不哥一系蒙古宗王的叛亂才剛剛落幕，遼東的宗王乃顏又造反了。乃顏之亂還沒平定，察合台、窩闊台系宗王海都和都哇，又趁機在西北侵吞元朝的地盤。

面臨要麼做漢武帝、要麼可能得做秦始皇的艱難選擇，老皇帝只好做出點讓步。當然，「輪台罪己」這幾個字，老皇帝的字典裡是永遠沒有的。一二八六年（至元二十三年），忽必烈板著臉下詔說：

日本未嘗相侵，今交趾犯邊，宜置日本，專事交趾。（《元史・日本傳》）

更讓他惱火的是，吏部尚書劉宣從南方回來報告，令下之日，「江浙軍民歡聲如雷」。

忽必烈自然不是真的放過日本。「宜置日本，專事交趾」，就是先把日本先一邊，將來機會合適，還要接著打。不過，歲月不饒人，不論是叱吒風雲的帝王將相，還是苟且度日的卑微小民，「老、病、死」，都是無法逃脫的宿命。

一二九四年（至元三十一年）正月二十二日夜，大都紫檀殿，病勢沉重的忽必烈溘然長逝，享年八十歲。就在他駕崩前五個月，竟然還派了兩個人到高麗國，一人「管造船」，一人「管軍糧」，「將復征日本」。於是，這年年末，高麗忠烈王特意攜著蒙古公主，親自入朝參見。《高麗史》說，忠烈王赴元，就是「欲陳東征不便」。不過，這話有些不大好意思說出口，因為前不久，忠烈王還對著洪茶丘，拍胸脯開出了一張巨額的空頭支票：小國既然和日本相鄰，自然要「躬自致討，以效微勞」。現在，也就不需考慮這件事了。

「元朝喪制，非國人[2]不敢近」。但由於女婿這層關係，忠烈王領著公主在忽必烈的葬禮上忙前忙後，「出入無禁」。在「聖德神功文武皇帝」的殯殿裡，忠烈王恭恭敬敬地為老岳丈的在天之靈獻上了十頭羊、一匹馬作為祭品。（《高麗史》卷31）永遠停止東征日本的事，他只得和新皇帝討論了。

---

2 此處「國人」指蒙古人。

三、失敗原因

最後，我們從宏觀層面檢討一下，元朝征伐日本戰爭失敗的原因和教訓。鐮倉日本也存在公家和武家的矛盾、惡黨橫行、御家人貧困化等種種問題，不過，我們還是把焦點對準忽必烈的元朝。

《孫子兵法》一開始，就講到衡量戰爭勝負的「五事七情」。五事是「道、天、地、將、法」，實際主要是兩大方面：戰爭的合法性或正義性，軍事實力以及充分發揮這種實力的客觀條件。

先說後一方面。元朝軍隊的前身，蒙古帝國軍，雖然橫掃歐亞，戰績輝煌，可畢竟不是百戰百勝的天兵天將。出使蒙古的南宋人徐霆說了：「彼亦是人，如何不怕死！」（《黑韃事略》）蒙古帝國的軍事機器要成功運轉，必須有一套相應的機制和條件加以配合：⑴充分的戰略情報和戰術偵察，利用敵內部矛盾，極盡分化瓦解之能事。徐霆說，蒙古軍打仗，哪怕是小分隊，也「必先發精騎，四散而出，登高眺遠，深哨一二百里間，掩捕居者、行者，以審左右前後之虛實」。⑵廣闊綿長的戰線，便於大軍團側翼迂回、縱深突破，也就是英國戰史學家李德．哈特（B. H. Liddell Hart）對蒙古軍讚不絕口的「間接路線戰略」。⑶溫和的氣候條件和平坦的陸地，便於騎兵衝突機動。元朝軍隊出征東亞和南亞，因為無法克服惡劣的氣候和地理條件，「蒙古軍馬亦不能施其技」（《元史・安南傳》），就和傳統中原王朝的軍隊處於同一起跑線上，表現平庸。(4)迅速吸收、轉化被征服地域的先進軍事技術、人力和物資資源，投入新的戰爭。正牌蒙古軍人數不多，但收編了大量被征服民族的軍隊。新興的元朝水軍、震撼襄陽的西域砲、夾河兩岸部署「馬、步，翼以炮弩」的三面攻擊法，等等，都是蒙古人吸收轉化軍事技術的典範。

前面的講述表明，在兩次東征日本的戰爭中，以上四個基本條件，一個都沒發揮作用。

再來看「道」。狹義理解，道是民心向背（「令民與上同意」）；廣義理解，道是大義名分，是合法性（legitimacy）。蕭啟慶形容忽必烈「嗜利、黷武」，他對鄰近及海外諸國發動的一連串戰爭，不是鞏固大一統所必需，而是「蒙古世界征服戰爭的延續」。[3]

忽必烈完成統一戰爭後，毫不顧及中國瘡痍滿目、亟待休養生息的現實，匆匆忙忙全力驅動中國社會超負荷運轉，以滿足少數人的野心和欲望。這種做法，即便在元朝內部，也不得人心。許衡、王磐、趙良弼等人勸阻在前，相威、昂吉兒、崔彧、劉宣、魏初、申屠致遠等人諫止在後。他們的看法，可以代表很大一部分進入統治集團的知識精英的反對立場。太子真金

3　蕭啟慶，〈元朝的統一與統合：以漢地、江南為中心〉，《內北國而外中國：蒙元史研究》，頁20。

（Jingim）因死得早，未能即位，他的兒子元成宗登基後，追封他為「裕宗」。翰林詞臣撰寫的《冊文》列舉了真金的三件主要「政績」，有「弭兵日本，廣先皇柔遠之仁」。（張伯淳《養蒙文集》卷1）可見，就連忽必烈一手培養的接班人也看不過去。遺憾的是《元史》對此一字不提。

忽必烈驅使各族百姓，供給軍需，四出征戰，其居心和手腕，好似北魏的太武帝拓跋燾。太武帝圍攻南朝要塞時，寫信給對方守將說：我派來攻城的敢死隊（鬥兵），都不是我大魏的鮮卑人，「城東北是丁零與胡，南是氐、羌」，閣下請儘管殺。丁零人戰死，等於少了點在常山、趙郡作亂的潛在賊徒，胡人戰死，「減並州賊」，氐人戰死，「減關中賊」，朕左右不虧。（《宋書》卷74《臧質傳》）受忽必烈驅使充當炮灰的普通人民，自然也是不甘和憤怒的。鄭思肖就痛斥忽必烈的征日工程是：

> **已刳江南民髓乾，又行併戶抽丁語。凶焰燒眼口竟啞，志士悶悶病如蠱。（《元韃攻日本敗北歌》）**

他還在《元賊謀取日本二絕．其二》中形容第二次出征日本的新附軍「此番去者皆銜怨」。這些話雖然出自與蒙古統治者勢不兩立的南宋遺民之口，大體還是實情。

中國古代的先賢歷來堅持，戰爭的合法性必然決定戰爭的勝負。這種看法雖然有些迂闊，有時也其應如響。西漢的魏相有「五兵」論：

> 救亂誅暴，謂之義兵，兵義者王。敵加於己，不得已而起者，謂之應兵，兵應者勝。爭恨小故，不忍憤怒者，謂之忿兵，兵忿者敗。利人土地貨寶者，謂之貪兵，兵貪者破。恃國家之大，矜民人之眾，欲見威於敵者，謂之驕兵，兵驕者滅。（《漢書．魏相傳》）

忽必烈兩次東征日本，從道義上說，既是「忿兵」、「貪兵」，也是「驕兵」，早就被傳統戰爭哲學判了「死刑」。

我們再想想他手下一干將帥齟齬猜忌、互相掣肘，還有那一敗而餒、遠遁千里的糜爛軍紀，只好說，忽必烈的征日戰爭，在「道、天、地、將、法」五項上，分數全都不及格，就算沒有「神風」，他的贏面又有多大？

四、「以秦滅秦」

當然了，即便如此，還是會有人像當年的留日學生一樣，覺得「那時倘非天幸，這島國早被我們滅掉了」（魯迅《墳・說鬍鬚》）。這個觀念的背後，其實是一種比乍看上去要深刻得多的民族心結。

因為，中國，這個在亞歐大陸的東方成長起來的、具有相對連續性的政治—文化共同體，歷史上有許多足以傲人之處，近代以前卻一直承受著地緣政治帶來的某種「詛咒」：在中華帝國的北方，在農耕地帶的邊緣，自秦漢時代的匈奴開始，總有一個來自內陸草原的強敵徘徊窺視，迫使它投入大量的經濟和軍事實力，而極少想到去經營東面的大洋。突厥之於唐，契丹、女真之於宋，蒙古之於明代，準噶爾和沙俄之於清，都是如此。所以王柯才說，中華文明是一個大陸文明，「歷代王朝能夠在西北建造起雄偉蜿蜒的『萬里長城』，卻從沒有一個王朝想要到東南去建設一支海軍力量」。[4]

其實，忽必烈時期的元朝，恐怕是唯一的例外，也是唯一真正試圖把軍事力量投射到今天常說的西太平洋「第一島鏈」以外的中國王朝。雖然忽必烈是個蒙古人，而且他經營「第一島鏈」，不過是零敲碎打、毫無章法、破綻百出，最終也沒有什麼成績，畢竟算是一個轉瞬即逝的歷史契機。

最後，就元朝政權自身的發展而言，忽必烈長達二十多年的窮兵黷武，真可謂「奮六世之餘烈，振長策而御宇內」，「執敲撲而鞭笞天下，威振四海」，誠然快意，畢竟缺乏宏遠之規摹，耽誤了元朝最關鍵的「門檻」跨越期。

自從邁克爾・曼（Michael Mann）在《社會權力的來源》中提出四種權力來源（經濟權力、意識形態權力、軍事權力和政治權力）以來，許多政治學家和歷史學家用這組概念來研究「帝國」的實力建構。赫爾弗里德・明克勒（Herfried Münkler）就說，在帝國擴張時期，主要依靠軍事優勢和經濟優勢，但到了鞏固階段，就要更多加強政治和意識形態實力。這個轉折又稱為「奧古斯都門檻」，因為奧古斯都（可算第一位羅馬皇帝）在遺囑中禁止再搞軍事擴張。跨越奧古斯都門檻，就是逐漸消融中心和邊緣（例如腹里[5]和江南）之間的政治和經濟差距，逐步取消征服者的法律特權，多借助政治制度和意識形態建設，降低統治的成本，最大限度延長帝國有序和繁盛的週期。[6]

4　王柯，《民族主義與近代中日關係》，香港中文大學出版社，2015年，頁352。

5　元朝的「腹里」指包括今山東、山西、河北及內蒙古中部等地區在內的中書省直轄區。

6　赫爾弗里德・明克勒著，閻振江、孟翰譯，《帝國統治世界的邏輯——從古羅馬到美國》（*Imperien: Die Logik der Weltherrschaft - vom Alten Rom bis zu den Vereinigten Staaten*），中央編譯出版社，2008年，頁63-77。

大元帝國此關鍵轉折，本該發生在至元十三年到至元三十年間，也就是忽必烈統治的後半期。忽必烈兩次征日失敗，早就在提醒他，元朝在各方面已經達到了軍事擴張的極限。

跨越奧古斯都門檻，有點類似蕭啟慶說的從「統一」到「統合」（national integration），但是涵義更寬泛，也更注重動態過程。蕭啟慶認為，元朝雖然實現了統一，在意識形態、族群政治參與、民族融合和階級鴻溝等方面「統合」失敗。[7]其實，也等於說，大元帝國摔在了奧古斯都門檻之前。

茲比格紐·布熱津斯基（Zbigniew Brzezinski）認為，一個成功的帝國，需要在政治上有生命力，意識形態有靈活性和吸引力，掌握遠距離投射軍事實力的能力和上游關鍵技術，控制貿易網路，等等。[8]這是順利跨越了奧古斯都門檻的帝國。但是，這個圖景離元朝非常遙遠，歷史也無法推倒重來。

總合各種西方理論言之。其實，對於忽必烈發動的兩次征伐日本戰爭，鄭思肖還有一個更加簡明而犀利的評價，出自他的《元賊謀取日本二絕·其二》：

海外東夷數萬程，無仇於韃亦生嗔。
此番去者皆銜怨，試看他時秦滅秦。

「秦滅秦」是什麼意思呢？說日本是「秦」，有雙關意：一是相傳日本人是秦始皇派出求仙的方士徐福的後裔，也算「秦人」；二是在鄭思肖看來，「東夷」素來「蠻頑」，和「胡元」屬於一丘之貉，都彷彿傳統歷史的大反派——「暴秦」。元朝同日本的戰爭，甭管誰贏，不過是一個「秦國」去滅了另一個「秦國」。

不要小看了這句「秦滅秦」，它包含了非常生動的儒家政治哲理。

西元前三一四年，燕國發生內亂。鄰國的齊宣王想趁火打劫，兼併燕國。據說，齊國有個叫沈同的大臣，私底下請教孟子：「燕國可伐嗎？」孟子答得很乾脆：「可以，燕國君臣無道，當然可伐。」齊國果然出兵攻打燕國，「殺其父兄，系累其子弟，毀其宗廟，遷其重器」。燕國百姓恨透了齊國，齊兵剛打下來的城池，又舉起了叛旗，其他諸侯也對齊國虎視眈眈。

於是有人質問孟子：「不是你勸說齊國伐燕的嗎？現在怎麼搞到了這個地步！」

孟老夫子一拍大腿：哪有此事！沈老弟問的明明是「燕國可伐嗎？」我說可以，他轉身就去召集軍隊了。哪怕他再耐心多問一句：誰有資格伐燕？（「孰可以伐之」）我就會說，只有行仁

7　蕭啟慶，〈元朝的統一與統合：以漢地、江南為中心〉，頁18-37。

8　茲比格紐・布熱津斯基，《大棋局：美國的首要地位及其地緣戰略》（*The Grand Chessboard: American Primacy and its Geostrategic Imperatives*），上海人民出版社，2015年，頁3-21。

政、誅無道的「天吏」，才有資格伐燕。好比有個殺人犯，如果別人問我：這犯人該殺嗎？我當然只能回答：該殺！如果他接著問：「孰可以殺之？」我會告訴他：只有執法人員「士師」才有資格殺這人。如今齊國和燕國一樣無道，還敢去打燕國，豈不等於「以燕伐燕」？我怎麼會贊同呢？（《孟子．公孫醜下》）

忽必烈征伐日本，難道不是「以秦滅秦」、「以燕伐燕」嗎？

本書大事年表

一二六〇年	元中統元年	日本文應元年
	三月	元世祖忽必烈即位開平，北上與阿里不哥爭奪汗位。
	四月	高麗元宗即位。
一二六二年	元中統三年	日本弘長二年
	二月	山東軍閥李璮叛降南宋，旋即敗亡。
一二六四年	元至元元年	日本文永元年
	七月	阿里不哥歸降忽必烈。
一二六六年	元至元三年	日本文永三年
	十一月	招諭日本使節黑的、殷弘抵達高麗。

一二六七年	元至元四年	日本文永四年
	一月	黑的使團畏懼「大洋萬里，風濤蹴天」，自巨濟島北返。
	八月	招諭日本使節黑的、殷弘再至高麗。
	九月	潘阜攜忽必烈詔書赴日。
一二六八年	元至元五年	日本文永五年
	七月	潘阜自日本返回高麗。
	十一月	招諭日本使節黑的、殷弘三赴高麗，由申思佺伴送赴日。
一二六九年	元至元六年	日本文永六年
	三月	招諭日本使節黑的、殷弘至日本對馬島，擄島民二人而還。
	六月	高麗權臣林衍廢黜元宗，立安慶公王淐。
	十一月	元宗在元朝支持下復位。

一二七〇年	元至元七年	日本文永七年
	二月	元宗朝覲忽必烈於燕京。
	六月	三別抄在江華島發動叛亂。
	十二月	信使趙良弼奉命出使日本。
一二七一年	元至元八年	日本文永八年
	九月	趙良弼使團在日本築前國今津上陸。
	十月	幕府流放日蓮於佐渡島。
	十一月	忽必烈改國號為「大元」。
一二七二年	元至元九年	日本文永九年
	一月	趙良弼使團自日本返回高麗。
		張鐸引日本彌四郎等人入覲忽必烈。
	二月	鎌倉幕府設置「異國警固番役」。
		北條時宗借「二月騷動」誅殺異己。

	十二月	趙良弼再次東渡日本。
一二七三年	元至元十年	日本文永十年
	六月	趙良弼謁見忽必烈，面陳日本不可征。
一二七四年	元至元十一年	日本文永十一年
	三月	忽必烈下令忻都、洪茶丘率軍征日本。
	四月	日蓮以「國難」警告幕府。
	六月	高麗元宗去世。
	八月	高麗忠烈王即位。
	九月	伯顏率元朝大軍南下進攻南宋。
	十月三日	東征軍在高麗合浦登船啟程。
	十月五日	東征軍占領對馬島。
	十月十四日	東征軍占領壹岐島。
	十月十九日	東征軍分隊登陸今津後濱。

	十月二十日	東征軍主力登陸博多、箱崎等地，苦戰終日，夜間撤退。
	十一月	東征軍殘部返回高麗合浦。
一二七五年	元至元十二年	日本建治元年
	二月	「宣諭日本使團」杜世忠等人啟程赴日。
	九月	鎌倉幕府將杜世忠一行押赴龍口斬首。
	十月	肥後國御家人竹崎季長至鎌倉申訴軍功。
	十二月	鎌倉幕府宣布「異國征伐」計畫。
一二七六年	元至元十三年	日本建治二年
	一月	南宋首都臨安降元。
	三月	鎌倉幕府開始在博多灣修築「元寇防壘」。
一二七七年	元至元十四年	日本建治三年
	十二月	金方慶被誣謀反，累遭刑訊。

一二七九年	元至元十六年	日本弘安二年
	二月	元朝在崖山之戰中消滅南宋殘餘勢力。
		忽必烈下令江南四省造船六〇〇艘征日本。
	六月	范文虎來使周福等人抵達對馬。
	八月	無學祖元應北條時宗之邀抵達鎌倉。
一二八〇年	元至元十七年	日本弘安三年
	八月	在「八二六」上都會議上，忽必烈與忠烈王、忻都、洪茶丘、范文虎等議定戰爭計畫。
一二八一年	元至元十八年	日本弘安四年
	五月三日	東路軍在高麗合浦登船啟程。
	五月二十一日	東路軍攻占對馬島。
	五月二十六日	東路軍攻占壹岐島。
	六月六日	東路軍搶登志賀島，與日本軍展開連日苦戰。

六月十三日	東路軍撤退鷹島。
六月十四日	長門被襲的消息傳入平安京。
六月十八日	江南軍自慶元港等處陸續啟程。
六月二十四日	江南軍先鋒抵達壹岐島。
六月二十九日	江南軍先鋒與東路軍分隊與日本軍戰於壹岐島。
	江南軍、東路軍會師平戶島。
七月初	東征軍南移至五島列島整頓。
七月二十七日	東征軍再度前出至鷹島附近，準備進攻太宰府。
八月（日本曆閏七月）	
八月一日	超級颱風席捲東征軍艦隊。
八月五日	東征軍殘部撤退。
	九州日本軍在御廚千崎海面掃蕩殘敵。
八月七日	東征軍鷹島「張總管」殘部被消滅。

一二八二年	八月九日	東征軍覆滅消息抵達平安京。
	八月二十九日	東征軍覆滅消息抵達元上都。
	元至元十九年	日本弘安五年
	十月	日蓮入寂。
一二八三年	元至元二十年	日本弘安六年
	一月	忽必烈下詔復立征東行省。
	五月	忽必烈下詔暫停征日本準備。
	九月	元朝入侵緬國。
	十月	福建發生黃華之亂，叛軍有眾十萬。
一二八四年	元至元二十一年	日本弘安七年
	正月	王積翁、僧人如智出使日本。
	三月	元朝出兵安南、占城。
	四月	北條時宗逝世。

一二八五年	元至元二十二年	日本弘安八年
	十月	忽必烈第三次組建征東行省。
一二八六年	元至元二十三年	日本弘安九年
	九月	無學祖元入寂。
	十月	元朝再次出兵緬國。
一二八七年	元至元二十四年	日本弘安十年
	正月	元朝再次出兵安南。
	四月	東北蒙古宗王乃顏反叛。
一二八八年	元至元二十五年	日本正應元年
	一月	蒙古宗王海都犯邊，乃顏餘黨合丹回應。
一二九三年	元至元三十年	日本永仁元年
	十月	高麗忠烈王入朝忽必烈，「欲陳東征不便」。
一二九四年	元至元三十一年	日本永仁二年

一二九九年

一月	元世祖忽必烈駕崩。
元成宗大德三年	日本正安元年
三月	元成宗鐵穆耳遣僧人一山一寧宣諭日本。

參考文獻

基礎史料

鄭麟趾等，《高麗史》，西南師範大學出版社，2014年。
宋濂等，《元史》，中華書局，1976年。
道森編，《出使蒙古記》，呂浦譯，中國社會科學出版社，1982年。
彭大雅、徐霆，《黑韃事略》，王國維遺書本，上海書店出版社，1983年。
危素，《危太樸集》，《元人文集珍本叢刊》第7冊，新文豐出版公司，1985年。
拉施德丁編，餘大鈞、周建奇譯，《史集》（第3卷），商務印書館，1986年。
蘇天爵輯，姚景安點校，《元朝名臣事略》，中華書局，1996年。
蘇天爵，《滋溪文稿》，中華書局，1997年。

陳得芝等輯點，《元代奏議集錄》，浙江古籍出版社，1998年。

志費尼著，何高濟譯，翁獨健校訂，《世界征服者史》，江蘇教育出版社，2005年。

馬可．波羅著，馮承鈞譯，《馬可波羅行紀》，上海書店出版社，2006年。

Rachewiltz, Igor de, *The Secret History of the Mongols: a Mongolian Epic Chronicle of the Thirteenth Century*, 2vols, Boston: Brill, 2006.

劉敏中著，鄧瑞全、謝輝點校，《劉敏中集》，吉林文史出版社，2008年。

胡祇遹著，魏崇武、周思成點校，《胡祇遹集》，吉林文史出版社，2008年。

陳高華等點校，《元典章》，中華書局、天津古籍出版社，2011年。

王惲著，楊亮、鐘彥飛點校，《王惲全集滙校》，中華書局，2013年。

王金林編，《日本歷史基本史料集》第一卷，人民出版社，2017年。

蒙元史論著

多桑著，馮承鈞譯，《多桑蒙古史》，中華書局，1962年。

王德毅主編，《元人傳記資料索引》，新文豐出版公司，1979-1982年。

白壽彝總主編，陳得芝主編，《中國通史》第8卷，上海人民出版社，1997年。

張帆，《元朝的特性——蒙元史若干問題的思考》，《學術思想評論》第1輯，遼寧大學出版社，1997年。
傅海波、崔瑞德編，史衛民、劉曉等譯，《劍橋中國遼西夏金元史》，中國社會科學出版社，1998年。
李治安，《忽必烈傳》，人民出版社，2004年。
杉山正明，《モンゴル帝國と大元ウルス》，京都大學學術出版會，2004年。
蕭啟慶，《內北國而外中國：蒙元史研究》，中華書局，2007年。
莫里斯．羅沙比著，趙清治譯，《忽必烈和他的世界帝國》，重慶出版社，2008年。
陳高華、史衛民，《元代大都上都研究》，中國人民大學出版社，2010年。
姚大力，《蒙元制度與政治文化》，北京大學出版社，2011年。
巴菲爾德著，袁劍譯，《危險的邊疆：遊牧帝國與中國》，江蘇人民出版社，2011年。

蒙元軍事史

H. Desmond Martin, 'The Mongol Army,' *Journal of the Royal Asiatic Society of Great Britain and Ireland*, No.1 (Apr, 1943).

Hsiao Ch'i-ch'ing, *The Military Establishment of the Yuan Dynasty*, Cambridge: Harvard University Press, 1978.

大葉昇一，《モンゴル帝國=元朝の軍隊組織——とくに指揮系統と編成方式について》，《史學雜誌》95編7號，1986年。

李天鳴，《宋元戰史》，食貨出版社，1988年。

史衛民，《中國軍事通史》第14卷《元代軍事史》，軍事科學出版社，1998年。

Timothy May, *The Mongol Art of War*, Yardley, PA: Westholme Publishing, 2007.

劉曉，《宋元時代的通事與通事軍》，《民族研究》2008年第3期。

周思成，《蒙元初期「漢人無統蒙古軍」之制發微》，《民族研究》2014年第4期。

周思成，《元代軍律中的「臨陣先退者處死」芻議》，《軍事歷史》2015年第2期。

周思成，《大汗的占卜師：蒙古帝國征服戰爭中的軍事數術零拾》，《國際漢學研究通訊》第12期，北京大學出版社，2016年。

周思成，《平宋戰爭中伯顏軍前行省的參謀組織與人員》，《暨南史學》第13輯，廣西師範大學出版社，2017年。

周思成，《〈馬可波羅行紀〉剌木學本「乃顏之亂」章所載「步騎相資法」新證》，《國際漢學研究通訊》第13－14期，北京大學出版社，2017年。

「蒙古襲來」研究

大橋順，《元寇紀略》，1856年。
山田安榮，《伏敵篇》，1891年。
竹內栄喜，《元寇の研究》，雄山閣，1931年。
池內宏，《元寇の新研究》，東洋文庫，1931年。
相田二郎，《蒙古襲來の研究》，吉川弘文館，1958年。
山口修，《元寇の研究──合戦篇》，《東洋學報：東洋文庫和文紀要》43(4)，1961年。
旗田巍，《元寇──蒙古帝國の內部事情》，中央公論社，1965年。
黑田俊雄，《蒙古襲來》（日本の歴史8），中央公論社，1965年。
網野善彥，《蒙古襲來》（日本の歴史10），小學館，1974年。
川添昭二，《蒙古襲來研究史論》，雄山閣出版，1977年。
山口修，《蒙古襲來》，桃源社，1979年。
網野善彥，《蒙古襲來》，小學館，1992年。

太田弘毅，《蒙古襲來：その軍事史的研究》，錦正社，1997年。
関幸彥，《神風の武士像——蒙古合戦の真実》，吉川弘文館，2001年。
村井章介，《北條時宗と蒙古襲來》，日本放送出版協會，2001年。
尾崎綱賀，《北條時宗と日蓮・蒙古襲來：末世・亂世・大難を生きる》，世界書院，2001年。
新井孝重，《蒙古襲來》，吉川弘文館，2007年。
森平雅彥，《モンゴル帝國の覇権と朝鮮半島》，山川出版社，2011年。
服部英雄，《蒙古襲來》，山川出版社，2014年。
北岡正敏，《蒙古襲來の真実：蒙古軍はなぜ壊滅したのか》，ブイツーソリューション，2017年。
王啟宗，《元世祖詔諭日本始末》，《大陸雜誌》32卷5期，1966年。
王啟宗，《元軍第一次征日本考》，《大陸雜誌》32卷7期，1966年。
王啟宗，《元軍第二次征日前夕情勢的分析》，《大陸雜誌》34卷10期，1967年。
王啟宗，《元軍第二次征日考》，《大陸雜誌》35卷4期，1967年。
李則芬，《元史新講》（二），黎明文化事業股份有限公司，1989年。
王頲，《忽必烈汗遠征日本史事補正》，《歷史文獻與傳統文化》第9集，江西教育出版社，2002年。

烏雲高娃，《元朝與高麗關係研究》，蘭州大學出版社，2012年。

於磊，《〈元史·日本傳〉會注》，《元史及民族與邊疆研究集刊》第31輯，2016年。

James P. Delgado, *Khubilai Khan's Lost Fleet: in Search of a Legendary Armada*, University of California Press, 2008.

Stephen Turnbull, *The Mongol Invasions of Japan 1274 and 1281* (Campaign 217), Osprey Publishing, 2010.

其他

王儀，《蒙古元與王氏高麗及日本的關係》，臺灣商務印書館，1973年。

川添昭二，《日蓮とその時代》，山喜房佛書林，1999年。

沈衛榮，《西夏、蒙元時代的大黑天神崇拜與黑水城文獻：以漢譯龍樹聖師造〈吉祥大黑八足贊〉為中心》，《賢者新宴》第5輯，上海古籍出版社，2007年。

中西立太，《日本甲冑史》，大日本繪畫，2008年。

鄭梁生，《日本中世史》，三民書局，2009年。

江靜，《赴日宋僧無學祖元研究》，商務印書館，2011年。
王金林，《日本中世史》，昆侖出版社，2013年。
井上義澄，《佛教改革家日蓮》，貴州大學出版社，2014年。
木宮泰彥著，陳捷譯，《中日交通史》，山西人民出版社，2015年。

國家圖書館出版品預行編目（CIP）資料

大汗之怒：蒙古鐵騎與日本武士的海上交鋒，忽必烈東征的未竟之路／周思成著. -- 初版. -- 臺北市：麥田出版：家庭傳媒城邦分公司發行, 2020.05
面；　公分. --（歷史選書；77）
ISBN 978-986-344-759-7（平裝）

1.元世祖　2.元史

625.73　　109004657

歷史選書 77

大汗之怒

蒙古鐵騎與日本武士的海上交鋒，忽必烈東征的未竟之路

作　　者／周思成
特約編輯／吳菡
主　　編／林怡君

國際版權／吳玲緯
行　　銷／巫維珍　蘇莞婷　黃俊傑　何維民
業　　務／李再星　陳玫潾　陳美燕
編輯總監／劉麗真
總 經 理／陳逸瑛
發 行 人／涂玉雲
出　　版／麥田出版
10483臺北市民生東路二段141號5樓
電話：(886)2-2500-7696　傳真：(886)2-2500-1967
發　　行／英屬蓋曼群島商家庭傳媒股份有限公司城邦分公司
10483臺北市民生東路二段141號11樓
客服服務專線：(886) 2-2500-7718、2500-7719
24小時傳真服務：(886) 2-2500-1990、2500-1991
服務時間：週一至週五09:30-12:00．13:30-17:00
郵撥帳號：19863813　戶名：書虫股份有限公司
讀者服務信箱E-mail：service@readingclub.com.tw
麥田網址／https://www.facebook.com/RyeField.Cite/
香港發行所／城邦（香港）出版集團有限公司
香港灣仔駱克道193號東超商業中心1/F
電話：(852)2508-6231　傳真：(852)2578-9337
馬新發行所／城邦（馬新）出版集團 Cite (M) Sdn Bhd.
41-3, Jalan Radin Anum, Bandar Baru Sri Petaling, 57000 Kuala Lumpur, Malaysia.
電話：(603)9056-3833　傳真：(603)9057-6622
讀者服務信箱：services@cite.my

封面設計／兒日設計
印　　刷／前進彩藝有限公司

■2020年5月1日　初版一刷　Printed in Taiwan.

定價：380元

ISBN 978-986-344-759-7